Heinz-Günter Bongartz

Im Haus des Herrn will ich wohnen

Heinz-Günter Bongartz

IM HAUS DES HERRN WILL ICH WOHNEN

Geistlicher Weg
durch den Mariendom
in Hildesheim

» *Ich möchte nicht in einer Welt ohne Kathedralen leben. Ich brauche ihre Schönheit und Erhabenheit. Ich brauche sie gegen die Gewöhnlichkeit der Welt. Ich will zu leuchtenden Kirchenfenstern hinaufsehen und mich blenden lassen von den unirdischen Farben. Ich brauche ihren Glanz. Ich brauche ihn gegen die schmutzige Einheitsfarbe der Uniformen. Ich will mich einhüllen lassen von der herben Kühle der Kirchen. Ich brauche ihr gebieterisches Schweigen. Ich brauche es gegen das geistlose Gebrüll des Kasernenhofs und das geistreiche Geschwätz der Mitläufer. Ich will den rauschenden Klang der Orgel hören, diese Überschwemmung von überirdischen Tönen. Ich brauche ihn gegen die schrille Lächerlichkeit der Marschmusik. Ich liebe betende Menschen. Ich brauche ihren Anblick. Ich brauche ihn gegen das tückische Gift des Oberflächlichen und Gedankenlosen. Ich will die mächtigen Worte der Bibel lesen. Ich brauche die unwirkliche Kraft ihrer Poesie. Ich brauche sie gegen die Verwahrlosung der Sprache und die Diktatur der Parolen. Eine Welt ohne diese Dinge wäre eine Welt, in der ich nicht leben möchte.«*

Pascal Mercier
aus: Nachtzug nach Lissabon, 2006, 198

INHALT

VORWORT	9
DER RAUM PREDIGT	13
JEDE NOCH SO KLEINE SCHÖPFERISCHE TAT, DURCH DIE WIR UNS ODER DIE UMWELT VERÄNDERN, ENTSPRICHT EINEM KLEINEN HELDENDRAMA	17
SICH AUSRICHTEN AUF DEN AUFERSTANDENEN CHRISTUS	21
DIE BERNWARDTÜR – DIE OUVERTÜRE DES DOMES	25
Der Mensch auf Augenhöhe mit Gott	28
Berufung	29
Der Fall	31
Ich nicht …	32
Das Paradies ist vertan	33
Werden und wachsen	35
Wie gerecht ist Gott	36
Brudermord	38
Gottes Wort in der Welt	39
Gott als Mensch	41
Für die Welt	43
Das Licht in der Finsternis	44
Flüsterer	47
Das Kreuz als der Baum des Lebens	49
Das leere Grab	51
Noli me tangere – Die Aufrichtung des Menschen	53
Die Bernwardtür – Eine erste Predigt	55

DER WEITE RAUM UND DIE SÄULEN DES TEMPELS	59
DAS TAUFBECKEN – BERUFUNG ZUM LEBEN	63
Feste Füße	64
Ich war ein Sklave in Ägypten… – Biblische Taufgeschichten	66
Die Kirche, die über den Jordan geht	68
Das ist mein geliebter Sohn	70
Wer glaubt kniet	73
Die Erinnerung verkürzt die Distanzen	74
DER DECKEL DES TAUFBECKENS – DIE FRÜCHTE DER TAUFE	78
Der Stab des Aarons – Allein aus der Gnade wirken	79
Der Kindermord zu Betlehem – Zeugnis geben	81
Die Fußwaschung der Sünderin – Die Tränen der Umkehr	83
Die Werke der Barmherzigkeit – Oder: Die Barmherzigkeit ist der Name Gottes	85
Alles gehört zusammen	88
DER HEZILOLEUCHTER – ÜBER UNS EINE VERHEISSUNG	91
DER ALTAR VON ULRICH RÜCKRIEM – IN DER SCHÖPFUNG DAS EWIGE	99
DER OSTERLEUCHTER – DIE IMMANENTE TRANSZENDENZ	103
DIE CHRISTUSSÄULE DES HEILIGEN BERNWARD – DER WEG MIT JESUS	107
DIE KRYPTA – ALLES HAT EINEN ANFANG	115
DIE TINTENFASSMADONNA – EINE MUTTER MIT EINEM SCHREIBENDEN KIND	119
DIE MITTELALTERLICHEN SCHREINE – RELIQUIE FÜR DAS LEBEN	123
Der Schrein des heiligen Godehard	125
Die Domheiligen und der heilige Epiphanius	127
DIE BISCHOFSGRUFT – DER TOD WIRD GEWANDELT	131
DIE SEITENKAPELLEN – EIN KRANZ DES GLAUBENS	139

DAS KLEINE JUWEL DES DOMES – DIE LAURENTIUSKAPELLE	149
DER FRIEDHOF MIT ROSENSTOCK UND ANNENKAPELLE – IM TOD IST DAS LEBEN –	153
DAS NORDPARADIES – DER STADT ENTGEGEN	159
DIE KLEINE ANNENKAPELLE – DAS GEHEIMNIS DER ERLÖSUNG IST ERINNERUNG	163
DIE ORGELN – SIE »SPIELEN«, WENN SIE NICHT SPIELEN	167
STATT EINES NACHWORTES	173
DOMGRUNDRISS	174
EINE KLEINE DOMGESCHICHTE (von Dr. Thomas Scharf-Wrede)	177
ABBILDUNGSNACHWEIS	186
ANMERKUNGEN	187

VORWORT

Der Hohe Dom zu Hildesheim hat eine 1200-jährige Geschichte. In ihm ist eine mittelalterliche Kunst aufbewahrt, die auf der Welt nur hier so zu finden ist. Aus diesem Grund wurde 1985 durch die UNESCO der Mariendom mit seinen Kunstschätzen zusammen mit der Michaeliskirche Weltkulturerbe.

Trotz der mittelalterlichen Kunst ist der Dom nicht »mittelalterlich«. Er ist »gelebtes« und »belebtes« Weltkulturerbe. In ihm beten Menschen heute. Und in ihm sollen Menschen sich heute im Lobpreis Gottes geborgen fühlen und angenommen werden. Darum haben wir den Dom für das Heute verändert.

So wurde von 2010 bis 2014 unter der Leitung des Architekturbüros Prof. Dipl. Ing. Johannes Schilling, Köln, der Dom einer gründlichen und umfangreichen Sanierung unterzogen. Der Fußboden erhielt wieder das ursprüngliche Niveau vor dem Zweiten Weltkrieg, der Hezilo- und der Thietmarleuchter wurden an den alten Orten im Langhaus und im Hochchor aufgehängt und die Bernwardtür bekam mit der Bildseite nach außen im Vorraum des Westwerkes eine unmittelbare Zuordnung zum Kirchenraum.

Dem Domkapitel war es in der langen Vorbereitung dieser Sanierung immer ein Anliegen, dass die Zuordnung der Kunstgegenstände im Kirchenraum eine geistlich-theologische Grundgestaltung erfährt. Der Dom ist dadurch zu einer Basilika geworden, die in der Längsachse mit der Bernwardtür, dem Taufbecken, dem Heziloleuchter, dem Altar und dem Osterleuchter die theologische Entfaltung unseres Glaubens erschließt.

In der Querachse des kreuzförmig angeordneten romanischen Baues erinnern die Reliquien der Zeuginnen und Zeugen daran, dass Menschen mit ihrem Leben und ihrem Sterben für die Wahrheit dieses Glaubens eingestanden sind.

Der vorliegende Domführer will daher nicht die kunsthistorischen Schätze und ihren geschichtlichen Hintergrund aufdecken. Vielmehr ist es mir ein Anliegen, diese neue theologisch-geistliche Dimension des Domes dem Betrachtenden nahe zu bringen. Denn der Dom predigt! In der Zuordnung von Längs- und Querachse wird der Betrachtende hineingenommen in eine stille und zugleich intensive Glaubensverkündigung.

Die Schönheit des Raumes, die Einmaligkeit der Bernwardinischen Kunst, das lichtdurchflutete Kirchenschiff am Tag und die meditative Beleuchtung am Abend, all dies bewirkt bei den Besuchern und Besucherinnen eine andächtige Nachdenklichkeit, die in die Mitte unseres Glaubens hineinführt: nämlich sich zu verändern auf den Gott hin, der sich in dem Menschen Jesus Christus mit seinem Wort unter uns Menschen verständlich gemacht hat.

Diesen Weg der Veränderung beschreibt der Dichter Rainer Maria Rilke bei der Betrachtung des Archaischen Torso des Apollos, der in den Vatikanmuseen gezeigt wird, so:

> *Wir kannten nicht sein unerhörtes Haupt,*
> *darin die Augenäpfel reiften. Aber*
> *sein Torso glüht noch wie ein Kandelaber,*
> *in dem sein Schauen, nur zurückgeschraubt,*
>
> *sich hält und glänzt. Sonst könnte nicht der Bug*
> *der Brust dich blenden, und im leisen Drehen*
> *der Lenden könnte nicht ein Lächeln gehen*
> *zu jener Mitte, die die Zeugung trug.*
> *Sonst stünde dieser Stein entstellt und kurz*
> *unter der Schultern durchsichtigem Sturz*
> *und flimmerte nicht so wie Raubtierfelle;*
>
> *und bräche nicht aus allen seinen Rändern*
> *aus wie ein Stern: denn da ist keine Stelle,*
> *die dich nicht sieht. Du musst dein Leben ändern.*[1]

Wenn man sich in dieser Haltung auf einen Weg durch den Dom einlässt, geht man anders aus dem Dom heraus, als man hineingegangen ist.

Dieser Domführer soll dabei helfen, die geistlich-theologische Dimension und Kraft unseres Mariendomes zu erschließen, sodass sich ins Herz legt, was Rilke mit seinem Gedicht beschreibt:

Wenn du das siehst, musst Du Dein Leben ändern.

Frau Prof. Dr. Claudia Höhl und Herr Dr. Thomas Scharf-Wrede haben mir mit ihrem unglaublich großen kunsthistorischem und geschichtlichem Wissen und mit ihrer Leidenschaft für unseren Dom mit Rat und Tat zur Seite gestanden. Herr Dr. Scharf-Wrede hat meinen Betrachtungen noch eine »Kleine Domgeschichte« anfügt. Beiden danke ich besonders.

Ich danke Frau Elisabeth Wächter, Schwester Dr. M. Ancilla Schulz, Herrn Domkapitular Adolf Pohner und Herrn Hans-Georg Spangenberger, die intensiv Korrektur gelesen und bei manchen Formulierungen für ein verbessertes Verständnis gesorgt haben.

1975 habe ich in Münster mein Theologiestudium begonnen. In der alten Kirchengeschichte lehrte damals Prof. Bernhard Kötting, ein »echter« westfälischer Bauernsohn. Ich erinnere mich an ein forsches und sicherlich überspitztes Wort: »Meine Damen und Herren, merken Sie sich: die Kirche manifestiert sich in Dombauten!« Damit dieser Satz nicht versteinert, sondern mit dem Gesicht zu den Menschen nachgesprochen wird, dazu soll dieser geistliche Domführer immer wieder neu einladen.

Weihbischof Heinz-Günter Bongartz
Domdechant

DER RAUM PREDIGT

> » So viele waren schon hier, haben im Grunde alles ausgefühlt, nichts bleibt mehr übrig für mich, alles ist bereits in anderen Herzen bewegt worden: die Blicke über die Piazza, das Streichen der Löwenköpfe, das Stauen am Treppenende. Aber die Brunnen sprudeln eben immer noch weiter. Die Sonne scheint immer noch durch die Kirchenfenster. Zum Verzweifeln, dass man nicht der Erste sein kann, der das sieht. Und doch sieht man ja all das längst Gesehene trotzdem zum ersten Mal. Die geheime Hoffnung bleibt: Hier bin ich einzig und allein gewesen.«[2]

In der Regel betrete ich mehrere Male am Tag den Dom. Ich bin dabei meistens nicht allein. Der Dom wird von vielen Menschen im Laufe des Jahres besucht. Es gibt Gottesdienste, in denen ist der Dom bis auf den letzten Platz gefüllt.

Ich gebe zu: am schönsten ist es für mich ganz früh am Morgen. Wenn ich mich vor der Frühmesse in den Dom setze, es ganz still ist und ich der einzige Beter bin, dann überfällt mich das Gefühl, das Simon Strauss in seinen Buch »Römische Tage« beschrieben hat: »Hier bin ich einzig und allein gewesen!« Hier bin ich jetzt der Erste, der etwas sieht. Dann ist der Raum nicht einfach nur ein Raum.

Der verstorbene Kölner Erzbischof Joachim Kardinal Meissner hat einmal beeindruckend erzählt, was für ihn der Raum seiner Heimatkirche bedeutet:

> » Ich habe jetzt im August das erste Mal in meinem Leben in meiner Breslauer Heimat die heilige Eucharistie gefeiert – in der Kirche, in der ich immerhin die ersten neun Jahre meines Lebens jeden Sonntag zur Messe gegangen bin. Ich habe mich einmal dort in die Kirchenbank gesetzt und mich gefragt: ›Welcher gelungenen Predigt erinnerst du dich eigentlich noch?‹ – Ich konnte mich keiner einzigen erinnern! Aber ich hätte Ihnen jedes einzelne Bild mit geschlossenen Augen detailliert beschreiben können. Das heißt: Der Kirchenraum prägt tiefer und unauffälliger das Glaubensbewusstsein einer Gemeinde als das Wort der Verkündigung. Deswegen halte ich es für eine ungeheure seelsorgerische Verantwortung, einen Kirchenraum zu gestalten.«[3]

Der Dom zu Hildesheim, Süd-Westseite

Der Raum predigt. Er verkündet in Stille von einem sprechenden Gott. Mit der Renovierung und liturgischen Neugestaltung von 2010 bis 2014 war es uns im Domkapitel ein Anliegen, den Dom nicht nur ansehnlicher und attraktiver zu machen, er sollte in einer neuen Schlichtheit von der Schönheit Gottes sprechen.

Der russische Dichter Fjodor Dostojewski hat intensiv nach der Schönheit gesucht. Dostojewski wagt sich in seinen Romanen bis in den Abgrund des Menschlichen, er weiß um das Hässliche und Abstoßende, das Unwürdige und Schuldhafte in den menschlichen Beziehungen. Zugleich sucht er unablässig nach dem Schönen. Jedes Jahr begibt sich der Schriftsteller nach Dresden, um die Schönheit der Sixtinischen Madonna auf sich einwirken zu lassen. Dostojewski sucht das Schöne und lebt von der Schönheit, damit er an die Schönheit des Menschen glauben kann und um diese Schönheit auch noch in jedem verkümmerten und abgestürzten Menschen erkennen zu können.

> » *Seinem Roman ›Der Idiot‹ verdanken wir den berühmten Satz: ›Schönheit wird die Welt retten.‹ In ›Die Brüder Karamasow‹ vertieft Dostojewski diese Frage. Ippolit, ein Atheist, fragt Prinz Mischkin: ›Wie könnte Schönheit die Welt retten?‹ Der Prinz sagt nichts darauf, sondern geht zu einem 18-jährigen jungen Mann, der ein qualvolles Leben führt. Erfüllt von Mitgefühl und Liebe bleibt er bei ihm, bis der junge Mann stirbt. Damit wollte der Prinz zum Ausdruck bringen, dass Schönheit uns zur Liebe führt, wenn wir den Schmerz unserer Mitmenschen teilen; die Welt wäre jetzt und für immer gerettet, wenn diese Geste gelebt würde. Wie sehr vermissen wir sie heutzutage!* «[4]

Zum Dom gehört nicht die »Sixtinische Madonna« mit ihrer unbeschreiblichen Schönheit. Und dennoch entdecke ich in »meinem« Dom an den verschiedensten Orten eine Schönheit, die mich »zur Liebe führt«, die mich mit der Liebe in Berührung bringt. So ist der Dom wie ein Therapiezentrum für die Seele. Mit seiner Schönheit hilft der Dom, die Liebe zur Schöpfung und zu den Menschen zu berühren. Er stößt an, an die Liebe zu glauben. Jeder Moment in dieser Kathedrale des Bistums ist eine Ermutigung und eine Mahnung zugleich, wieder in die Welt hinauszugehen, um die Liebe zu wagen.

Treppenanlage zum Hochchor mit den Zugängen zur Krypta

Der Dom nach der Zerstörung am 22.3.1945

JEDE NOCH SO KLEINE SCHÖPFERISCHE TAT, DURCH DIE WIR UNS ODER DIE UMWELT VERÄNDERN, ENTSPRICHT EINEM KLEINEN HELDENDRAMA[5]

Der Dom zu Hildesheim atmet Geschichte. Über 1200 Jahre haben Menschen Gott an diesem Ort ein Zuhause geben wollen. Der Domhügel ist darum ein besonderer Ort. Egal mit welchen Motiven und aus welchen Absichten man den Domhof betritt, ob als Bewohner, als Tourist oder als jemand, der hier seiner Arbeit nachgeht, immer wird man davon berührt, dass Gott seit Jahrhunderten hier verehrt und angerufen wird.

Die Geschichte des Domes war wechselhaft. Immer wieder wurden sein Äußeres und sein Inneres verändert. Zweimal erlebte der Dom das absolute Fiasko. Am 23. März 1046 brannte er durch ein Großfeuer bis auf die Grundmauern ab. 899 Jahre später, fast auf den Tag genau, am 22. März 1945 von ca. 14.00 Uhr bis 14.15 Uhr, wurden der Dom und der größte Teil der Stadt Hildesheim durch den Bombenhagel der Alliierten völlig zerstört.

Aber immer wieder haben Menschen gesagt und werden sie sagen: Der Dom muss bleiben. Immer wieder passen Menschen die »Gestalt des Domes« ihren Glaubensgefühlen und -ansichten an. In einer sich immer wieder verändernden Welt haben Menschen den Mut und die Beherztheit zur baulichen Veränderung, weil in der Begegnung mit den Menschen, in der Achtsamkeit ihrer Nöte und Ängste, ihrer Freude und Hoffnung die seelsorgliche Begleitung und die Feier des Glaubens stets anderer Ausdrucksformen bedarf. Nur so ist der Dom zu dem geworden, was er heute ist. Er ist ein Bildnis für unser Menschsein: Identität und Heimat haben wir nicht, sondern Identität und Heimat müssen wir durch unser Einlassen auf die Menschen und Zeit immer wieder neu hervorbringen. Es gibt keine Identität ohne Veränderung. Es gibt keine Identität ohne Wachsen. Es gibt keine Veränderung ohne den Glauben an eine Zukunft.

Hanna-Renate Laurien (1928–2010), Berliner Politikerin und engagierte Katholikin hat recht, wenn sie sagt:

> » *Mut zur Kirche – das ist die Zivilcourage, für etwas einzustehen, dessen Wert wir bejahen: Mut zur Kirche – das ist auch die Bereitschaft, für Änderungen zum Besseren zu streiten und Wandel der Formen zu bejahen, wenn dadurch der Kern der Botschaft bewahrt und vermittelt wird.«*

Das Mittelschiff des Domes vor der Sanierung

Unser Dom gibt Zeugnis davon, dass durch die 1200 Jahre immer wieder Menschen für die Veränderung eingestanden sind, um die Wahrheit des Glaubens erfahrbar zu machen.

Besonders in unserer Zeit sind wir herausgefordert, »Kirche sein« von den Wurzeln neu zu verstehen, um gleichzeitig darin die Freiheit zu finden, sie durch Veränderung für die Menschen unserer Zeit mit ihren Sehnsüchten und Erfahrungen sprachfähig und das heißt verstehbarer zu machen. Michael Seewald mahnt in seinem Buch »Reform«:

> *Die Rufe nach Reform, die manchem in der Kirche lästig erscheinen, lassen sich nicht einfach in die Verfallsnarrative eines angeblichen Unglaubens oder einer zunehmenden Veräußerlichung des Glaubens einordnen. Im Gegenteil: Der Einsatz für Reformen in der Kirche deutet auf eine gesteigerte Sensibilität für Missstände und ein religiös vitales Interesse an ihrer Beseitigung hin.«*[6]

Unser Dom ist ein beredtes Beispiel dafür, dass es keine Kirche gibt ohne Reform. Und es gibt keine Reform, kein verändertes Denken, keine Neuakzentuierung im Glauben, wenn dies nicht auch in einer sichtbaren Gestalt von Kunst seinen Ausdruck findet. Kunst kommt etymologisch nicht von können, sondern von »Kunde bringen«. Durch alle Jahrhunderte haben Menschen mit ihrem Glauben von einem Gott Zeugnis gegeben, der in Jesus Christus geoffenbart hat, dass er in der Zeit und durch alle Zeiten gegenwärtig ist. Das verändert Kirche immer wieder neu.

Michael Seewald, Münsteraner Theologe, hat das in bestechender Klarheit in Worte gefasst:

> *Die Kirche empfängt, konstituiert und reproduziert zugleich ihre Tradition, wo sie sich angesichts ihrer diachronen Identität den synchronen, sich ihr in der Gegenwart stellenden Herausforderungen zuwendet und fragt, wie sie heute die das Evangelium verkündigende und lebende Kirche Jesu Christi sein kann.«*[7]

Der Dom mit seinen unzähligen baulichen und künstlerischen Veränderungen ist ein Beispiel für diese Kirche, die sich nur entwickeln und so das Wesentliche bewahren kann, indem sie »empfängt, konstituiert und reproduziert«.

SICH AUSRICHTEN AUF DEN AUFERSTANDENEN CHRISTUS

Der Dom ist ein romanisches Bauwerk. Nachdem Kaiser Ludwig der Fromme das Bistum gründete und alles mit einem Marienheiligtum begann, dauerte es noch 45 Jahre, bis der vierte Bischof von Hildesheim, Bischof Altfrid, den Grundstein für den ersten Dom an dieser Stelle legte. Am Allerheiligenfest 870 wird der romanische Bau mit der Konsekration zu einem Haus Gottes.

Der romanische Bau ist eine Weiterentwicklung der spätantiken Basiliken in Anlehnung an den Richtungsbau der antiken Herrscheraula. Ein mehrschiffiges Langhaus wurde mit einer runden Apsis abgeschlossen. Hier saß der Kaiser und sprach Recht.

Die Kirche übernimmt die Basilika als ein »Domicium«, das heißt sie versteht nunmehr den Kirchenbau als einen Sitz des Herrn. Dort wo der Kaiser saß, findet sich jetzt der Altar. Es ist der Ort, wo der Herr gegenwärtig ist.

Die Basilika wird nach Osten ausgerichtet. Die ersten Sonnenstrahlen des beginnenden Tages fallen auf den Altar. Allein durch ihre Ostung ist die Basilika eine Verkündigung des auferstandenen Christus. Im Westen wird der Bau durch einen sichtbaren »Riegel«, oftmals mit einer Stufenanlage, abgeschlossen. Das Westwerk ist wie ein Bollwerk gegen das Dunkle, Böse, Dämonische aufgerichtet. Wie an anderer Stelle noch bedeutsam, ist die damit baulich entstandene Vorhalle darum den Engeln geweiht, die das Böse fernhalten und die Gläubigen vor dem Dämonischen bewahren sollen. Von hier aus eröffnet sich das Mittelschiff wie ein Weg auf den zu, der Hausherr der Basilika ist. Bis heute zieht der Bischof mit seinen liturgischen Diensten durch dieses Mittelschiff auf den Altar zu, sodass allein durch diesen Weg in Erinnerung gerufen wird: Wir sind alle Menschen – gleich ob als Bischöfe, Priester, Getaufte und Gefirmte – unterwegs auf ein Ziel hin: Jesus Christus wird uns als der Auferstandene am Ende unseres Weges als der gnädige Richter erwarten.

Irmensäule und Thietmarleuchter

In den Jahren der Domsanierung haben wir im Domkapitel immer wieder danach gesucht, wie wir dieses »theologische Programm« der romanischen Basilika wieder sichtbar machen können. Die großen Kunstwerke des Mittelalters, die dem Dom die Auszeichnung »Welterbe« geben, wurden daher einander neu zugeordnet und ihrer liturgischen Aufgabe gemäß neu im Raum platziert.

Eine Frage haben wir heftig diskutiert: Was gehört in die Apsis des Domes, dem zentralen Ort, dorthin, wo in der römischen Basilika der Königsthron stand? Wie sollte diese Apsis, an deren Außenseite der Tausendjährige Rosenstock blüht, gestaltet werden?

Die Entscheidung hat unserem Dom eine österliche Weite gegeben: In der Mitte der Apsis steht nun eine jahrhundertealte Säule, die sogenannte Irminsul, nach der Legende ein altes sächsisches Heiligtum. Diese Säule diente über Jahrhunderte als Osterleuchter.

Auf der Säule befindet sich ein wunderschönes Kreuz aus Bergkristall. Osterleuchter und weiß-transparenter Bergkristall erinnern daran: Der Gekreuzigte ist nicht im Tod versunken. Er hat bei Gott zu neuem Leben gefunden. Darum hat das Kreuz seine Dunkelheit verloren. Durch die einfallende Sonne am Morgen erstrahlt das Kreuz in einem funkelnden Licht, sodass eine Ahnung entsteht, wie hinter der Dunkelheit des Todes Gottes Licht neues Leben schenkt.

Die Apsis, vor der dieser Osterleuchter steht, hat drei Fenster, die den Dom mit Licht durchfluten. Diese Fenster sind nicht mehr wie im Dom der 1960er Jahre bunt verglast. Sie sind lichtdurchlässig, aber nicht klar und markieren so die Schnittstelle zwischen Außen und Innen. Dabei sind sie gleichzeitig transparent und lassen den Blick auf den Tausendjährigen Rosenstock zu, auf den sich die Gründungsüberlieferung des Domes bezieht.

Wie schon erwähnt, wurden am 22. März 1945 der Dom und mit ihm der so geschichtsträchtige Rosenstock völlig zerstört. Der Rosenstock lag unter einer Schicht von Schutt und Asche. Als dann im Mai 1945 wieder grüne Zweige ausschlugen und durch den Schuttberg hindurch blühende Ranken zu sehen waren, hat mancher Hildesheimer mit Tränen in den Augen davorgestanden. Seitdem ist dieser Rosenstock nicht nur alt, sondern auch ein Zeichen der österlichen Hoffnung: Gott kann Tod in Leben verwandeln. Der Gott, der alles aus dem Nichts geschaffen hat, kann auch die Macht des Todes brechen und selbst die zerstörerische Macht des Bösen in einen Neuanfang wandeln.

Der Osterleuchter in der Mitte der Apsis vor den Fenstern, die durch ihre Lichtdurchlässigkeit das Kreuz in einen Glanz eintauchen, und der wiedererblühte Rosenstock dahinter sollen in unserem neu gestalteten Dom die Besucher und Besucherinnen erinnern: Wir Christen glauben an das Leben. Wir Christen glauben an das Leben durch das Kreuz hindurch. Wir Christen verkünden den Gekreuzigten als den Lebenden mitten unter uns.

Einen Tag nach der Domeröffnung im August 2014 besuchte ich den Dom. Er war gefüllt mit neugierigen und staunenden Menschen. Ich traf ein Ehepaar mit ihren fast dreijährigen Zwillingen: Johann und Carlotta. Die Kinder waren fasziniert. Sie strecken ihre kleinen Köpfe nach oben, um die Pracht zu bestaunen. Nach einer Stille der Bewunderung wandte sich Johann der Mutter zu und fragte: »Mama, wann kommt der König?«

»Bist du der König der Juden?«, fragt Pilatus Jesus. (Joh 18,33) »Mein Königtum ist nicht von dieser Welt!« (Joh 18,36), antwortet Jesus. Selbst Pilatus konnte mit seiner ganzen Macht das Königtum Jesu nicht zerstören. Drei Tage später treten die Freunde Jesu als Zeugen auf. Sie sagen: ER lebt. ER ist jetzt erhöht zur Rechten Gottes. ER ist uns erschienen und öffnet uns neu den Himmel.

Seitdem können wir sagen: Aus menschlicher Sicht ist der Tod eine bittere Wahrheit, das Ende, – »wenn nicht das Wunder geschieht, dass eben im Horizont, wo das Leben verschwindet, der Geber des Lebens erscheint.« (Gottfried Bachl).

Davon kündet unser neuer Dom: Dort, wo das Leben uns entschwindet und in den Tod versinkt, kommt Christus uns als König des Lebens entgegen.

DIE BERNWARDTÜR –
DIE OUVERTÜRE DES DOMES

Fast alle musikalischen Bühnenwerke beginnen mit einer Ouvertüre. Instrumental wird dabei das Thema vorgegeben, das dann in dem Musikstück entfaltet wird. Meistens ist der Vorhang noch geschlossen. Die Handlung, die verschiedenen beteiligten Personen werden in diesem ersten Stück den Zuschauern musikalisch vorgestellt. Die erste Musik prägt die Stimmung, eröffnet eine Ahnung über das, was kommt und lässt in dem Zuschauer ein Grundgefühl entstehen für das, was das Werk aussagen will.

Im übertragenen Sinne ist für mich die Bernwardtür[8] so etwas wie die Ouvertüre des Domes: Sie beschreibt, wie es um den steht, der sich die Tür anschaut. Die Bernwardtür erzählt, was Wirklichkeit wird, wenn man sich auf das einlässt, was nun in der Liturgie des Raumes »gespielt« wird.

Aber der Reihe nach.

Wenn man durch das Westportal den Dom betritt, steht man unmittelbar vor den beiden Flügeltüren. Es ist für mich die schönste Tür der Welt.

Allein aus bautechnischer Sicht sind diese beiden Flügel ein Meisterwerk. Insgesamt sind sie 4,72 Meter hoch. Der linke Flügel der Tür hat eine Breite von 1,20 Meter, die rechte ist etwas größer gegossen. Sie ist 1,50 Meter breit. Die 3,5 cm bis 4,5 cm dicken Türen wiegen jeweils 1,85 Tonnen. Beide Türflügel sind in dem sogenannten Wachsausschmelzverfahren entstanden. Die Tür wurde in Wachs modelliert, das Modell vorne und hinten mit einem Einbettmaterial ummantelt, dann auf die Längsseite gestellt und mit heißer, flüssiger Bronze ausgegossen, sodass das Wachs schmilzt und durch die Metalllegierung ausgetauscht wird. Das Verfahren bedarf eines höchsten handwerklichen Geschickes. Es gibt nur einen Versuch, danach ist die »Vorlage« unbrauchbar geworden.

Die Bernwardtür

Jede Türhälfte ist jeweils in acht Felder eingeteilt:

Die Erschaffung des Menschen	Maria Magdalena zu Füßen des Auferstandenen
Gott führt Eva zu Adam	Die drei Frauen am Grab
Der Sündenfall	Christus am Kreuz
Das Gericht Gottes über Adam und Eva	Pilatus verurteilt Jesus
Horizontale Inschrift auf dem Rahmenwerk der Tür	
Die Vertreibung aus dem Paradies	Darstellung Jesu im Tempel
Adam arbeitet, Eva stillt ihr Kind	Epiphanie: die Könige ehren das Kind
Türzieher Löwenkopf	Türzieher Löwenkopf
Abel und Kain opfern	Die Geburt Jesu
Kain erschlägt den Abel	Mariä Verkündigung

In den acht Feldern werden die verschiedenen biblischen Szenen einfach und doch zugleich eindrücklich dargestellt. Die Personen haben immer wiederkehrende Stilelemente und doch sind sie in ihrer Bezogenheit aufeinander aussagekräftig und anrührend. Die Figuren heben sich aus der Tür heraus, dem Betrachter entgegen, während der untere Teil des Körpers reliefartig als Erhebung auf den Türflügeln abgebildet ist. Die dargestellten Personen stehen in Beziehung zueinander. Verschiedene wiederkehrende Motive geben den Bildern eine tiefere Aussage.

Die verschiedenen Bildtafeln haben einen Bezug zueinander. Linear auf der linken Tür von oben nach unten und von der rechten Tür von unten nach oben erzählen die Tafeln die Geschichte der Menschwerdung von Adam und Eva sowie die Erzählung von Kain und Abel auf der einen Seite, auf der anderen die Verkündigung an Maria bis zur Darstellung Jesus im Tempel und die Passion mit der Auferstehung.

Die nebeneinander liegenden Bildtafeln stehen in einer typologischen Zuordnung und führen so zu spannenden Interpretationen, die ihre Wurzeln in den Texten der Kirchenväter haben.

Aber auch in der Diagonale stehen die jeweiligen Bilder in Relation und lassen die Tür zu einem beeindruckenden Glaubenszeugnis werden.

Widmungsinschrift, links

Widmungsinschrift, rechts

Auf der mittleren Horizontalen des Rahmenwerkes findet sich eine Inschrift:

> AN(NO) DOM(INICE) INC(ARNATIONIS) M XV B(ERNVVARDVS) EP(ISCOPVS) DIVE MEM(ORIE) HAS VALVAS FVSILES // IN FACIE(M) ANGELICI TE(M)PLI OB MONIM(EN)T(VM) SVI FECI(IT) SVSPENDI:

(Im Jahr der Menschwerdung des Herrn 1015 ließ Bischof Bernward göttlichen Gedenkens diese gegossenen Türflügel an der Vorderseite des Engelstempels zu seinem Gedächtnis aufhängen.)

In den vergangenen Jahrhunderten wurde immer wieder spekuliert, gefragt, nachgedacht, konstruiert und räsoniert, für welche Kirche und an welchem Ort der heilige Bernward diese Tür schaffen und aufstellen ließ.[9] Ein Diskurs über diese verschiedenen Optionen ist an dieser Stelle eines geistlichen Domführers nicht angeraten.

Man kann mit großer Sicherheit sagen: Seit der Zeit Godehards (1022–1038), der das alte Westwerk abreißen ließ und einen neuen Westabschluss mit Glockenturm schaffte, hatte die Tür ihren Ort (mit Ausnahme der Zeit nach dem 2. Weltkrieg bis zum Jahre 2014) an der jetzigen Stelle. Wer den Dom durch das große Eingangsportal betritt, stößt nach dem Durchschreiten der Vorhalle auf diese Tür mit einer geistlichen »Therapieanweisung für die Seele« mit theologischem Tiefgang.

Der Psychoanalytiker C. G. Jung weist einmal darauf hin:

> »Es gibt eine Weisheit der Seele. Und die Weisheit der Seele weiß darum, dass wir im Tod in die Vollendung hinein sterben. Wenn man gegen die Weisheit der Seele verstößt, dann wird man ruhelos, ratlos und neurotisch.«[10]

Wie diese Weisheit für die Seele zu entziffern ist, erzählt mir die Tür des heiligen Bernward.

Die Erschaffung des Adam

DER MENSCH AUF AUGENHÖHE MIT GOTT

Es beginnt gleich mit dem ersten Bild. Gott erschafft den Adam. Er hebt ihn von der Erde empor. Die Bibel spricht vom Ebenbild Gottes. Sie erzählt, wie der Mensch durch Gott angehaucht wird und seitdem den Atem Gottes in sich trägt. Darum ist der Mensch beziehungsfähig. Er kann auf Augenhöhe mit Gott kommunizieren, weil er über sich selbst hinaus fragen kann. Weil der Mensch von Gott kommt, kann er Gott denken, auch wenn er Gott nie gesehen hat. Weil der Mensch dem Willen Gottes entspringt, ist er mehr als nur ein Zufallsprodukt der Natur. Papst Benedikt XVI. sagt es treffend:

> »*Der Mensch wird durch den Atem Gottes. Mit diesem Bild hält der jüdischchristliche Glaube fest, dass im Menschen das Göttliche lebt. ›Der christliche Glaube sagt, dass das, was hier über den ersten Menschen mitgeteilt wird, von jedem Menschen gilt. Dass jeder einzelne Mensch einerseits biologisch entstanden ist, andererseits aber mehr ist als nur ein Produkt vorhandener Gene und einer DNA, sondern etwas, was direkt von Gott herkommt.*«[11]

Darum kann der Mensch sich selbst auch befragen. Im ersten Bild ist Adam ein zweites Mal am rechten Rand abgebildet. Zwischen der Erschaffung des Menschen durch Gott und dem Adam, der auf seine eigene Entstehung schaut (und reflektiert), steht der Baum des Lebens. Zwei Ranken formen sich zu einem Herz. Auch wenn das Mittelalter eine solche Herzform noch nicht kannte, erinnert uns diese Form des Herzens an eine gelebte Liebe. Der durch Gott geschaffene Mensch hat eine Bestimmung: die Liebe, die Gott selbst ist und aus der der Mensch hervorgeht, in der Zuwendung zum Nächsten und in der Treue zu seinem Schöpfer zu leben.

Dabei kann der Mensch sich mit seinem Gewissen selbst befragen. Das macht ihn zur »Krone« der Schöpfung und unterscheidet ihn von allen anderen Geschöpfen.

Es ist wie bei der alten Werbung für ein Weichspülmittel der 1970er Jahre, wo das Kind über den kratzenden Pullover mäkelt, die Mutter dies wahrnimmt und dann aus sich selbst wie ein Schatten heraustritt, um sich kritisch zu befragen, ob sie nicht mit dem besseren Weichspülmittel hier Abhilfe geschaffen hätte. Der Mensch kann sich selbst beobachten, reflektieren, zu sich selbst in Beziehung treten. Weil er aus der Transzendenz kommt, kann er nach dem Woher und Wohin fragen. Indem der Mensch so fragt, wird er zum Partner Gottes. Durch eine Haltung zu sich selbst kann der Mensch erspüren, dass er nicht allein auf dieser Welt ist, sondern eine Berufung in sich trägt, die von Gott kommt.

BERUFUNG

Von der Berufung spricht auf ganz sensible Weise das zweite Bild. Gott steht hinter Eva. Sie selbst ist ganz auf Adam fixiert, nimmt nicht wahr, dass Gott sanft und zärtlich seine Hand auf ihre Schulter gelegt hat. Sie könnte andere Wege gehen. Aber sie lässt sich »führen« und geht den Weg, hinter dem Gott steht.

»Der Mensch wird des Weges geführt, den er wählt«, so nennt einmal der große geistliche Spiritual Johannes Bours eines seiner Bücher[12]. Weil Gott die Liebe ist, lässt uns Gott nicht allein laufen. Aber ebenso gilt: Weil Gott die Liebe ist, schenkt er uns Freiheit. Das passt nur schwer zusammen. Und doch machen die Bilder des heiligen Bernward deutlich, wie eine solche Berufung zu verstehen ist und wie diese Liebe einmal zu ihrem Ziel findet:

> *» Sieht es auf der Welt und in der Geschichte so aus, als gelange die wehrlose Liebe Gottes an ihr Ziel? Als käme sie durch? Es ist, als würde sie geradezu verschüttet und zum Verschwinden gebracht unter einer Lawine von Vergesslichkeit und Gewalt.*
>
> *Und doch wartet sie darauf, in der Weise der wehrlosen Liebe, erkannt zu werden. Sie sucht mit den Augen der Sehnsucht die Landschaft der Menschengeschichte ab, wo sich eine Tür, ein Herz auftut, damit sie eintreten kann und damit an dieser Stelle die Verwandlung*

Die Berufung von Adam und Eva

beginnen kann. Was Jesus von sich selber sagt, das sagt die wehrlose Liebe Gottes: ›Die Füchse haben ihre Höhlen, die Vögel ihre Nester, der Menschensohn hat nichts, wo er sein Haupt legen kann‹ (Lk 9,58). Wo ist Raum für die wehrlose Liebe? Ist alles vollgestellt mit Haben, Macht, Angst, Enge?

Die wehrlose Liebe sucht den Ort, sucht das Herz, wo sie ankommen kann. ›Ich sagte zu einem Volk, das meinen Namen nicht anrief: Hier bin ich, hier bin ich! Den ganzen Tag streckte ich meine Hände aus… Ich wäre zu finden gewesen für die, die nicht nach mir suchten‹ (Jes 65)

Aber er ruft mit leiser, wehrloser Stimme – ›Du bist der Leiseste von allen‹ (Rilke) -, so dass nur einer es wahrnehmen kann, der selber still geworden ist, ›arm‹ geworden ist, ein stilles Herz hat.

Gott in unserer Zeit: Dem wird etwas von Gott aufgehen, dem wird die Erfahrung des Geistes zuteil, der weiß, dass ER die wehrlose Liebe ist.«[13]

DER FALL

Der Baum in der Mitte, der in Parallelität zum Nachbarbild kreuzesförmig ausgeschlagen ist, wird in der Heiligen Schrift der Baum der Erkenntnis von Gut und Böse genannt. Auch wenn auf der Bernwardtür ein Obstbaum zu sehen ist, geht es hier um mehr, als nur von einer verbotenen Frucht zu essen.

»Der Baum verlockte, klug zu werden!« (Gen 3,5) Wer definitiv zwischen Gut und Böse unterscheiden kann, der muss tiefer sehen als nur bis auf das Äußere. Wer so urteilen will, muss bis in die Tiefe sehen können, bis dorthin, wo die wahren Motive liegen. Das kann nur Gott allein.

Søren Kierkegaards Wort macht nachdenklich: »Die Wurzel aller Sünde ist der Vergleich!« Wer beurteilen will, wer darüber bestimmen möchte, was einem Menschen zusteht, was er verdient, welche Ansprüche er haben darf, also wer das Leben eines anderen bemisst nach den Kategorien von Gut und Böse, der vergleicht und beurteilt. Das ist die große Versuchung: »Sobald ihr davon esst, gehen euch die Augen auf; ihr werdet wie Gott und erkennt Gut und Böse!«

Augustinus meint: Sünde ist, in sich verkrümmt sein (»incurvatus in se ipsum«). Oder anders: die Sünde bringt das menschliche Zueinander aus dem Lot, weil in der Sünde ein »Wegducken« vor Gott geschieht. In der Sünde verbiegt sich das Zueinander. Darum stehen auf unserem Bild Adam und Eva, jeder mit einem Apfel in der Hand, nicht mehr auf gleicher Höhe. Ihr Miteinander ist in die Schieflage geraten.

Der Baum der Erkenntnis von Gut und Böse

ICH NICHT …

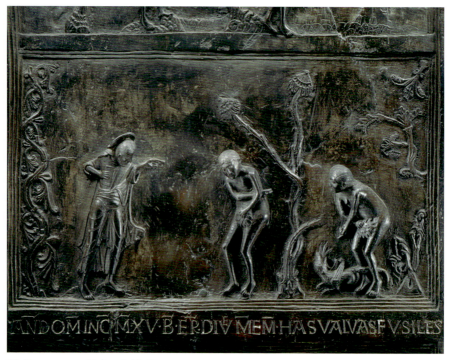

Die Begegnung mit dem Schöpfer

»Nicht, dass wir in Schuld geraten, das wird immer so sein, so wie der Mensch ist, aber was wir mit ihr anfangen und ob wir an ihr wachsen, das ist die Gewissensfrage an uns Menschen,« erinnert der im Konzentrationslager der Nazis umgebrachte Jesuitenpater Alfred Delp. Das vierte Bild hält uns untrüglich vor Augen, was die eigentliche Sünde ausmacht. »Nicht ich war es!«, sagt Adam, als ihm Gott begegnet und somit das fragende Gewissen. »Ich war es auch nicht!«, antwortet Eva und zeigt auf den Drachen, der hier das Sinnbild des Teufels darstellt.

Oft habe ich in den vergangenen Jahren, meistens in der österlichen Bußzeit, in verschiedenen Gruppen über die Beichte gesprochen. »Warum müssen wir eigentlich noch beichten? Und übrigens, Herr Pfarrer, was sündigt man noch in unserem Alter?«, so war es immer wieder besonders bei älteren Menschen zu hören. Sündigen, etwas falsch machen, was anderen Menschen weh tut, das geschieht in der Regel zunächst immer durch die anderen! Dass die Welt an so vielen Orten unter den Völkern zerrissen ist, dass es zu Streit und Gewalt zwischen Menschen unterschiedlicher Nationalitäten in unserem Land kommt, dass sich Jung und Alt oft so gar nicht verstehen und der eine an den anderen kaum erfüllbare Erwartungen stellt, all das geschieht nicht durch uns, sondern durch die anderen. »Nicht ich, sondern die oder der da!« Hier wird auf dem vierten Bild etwas in Szene gesetzt, was wir in verschiedenen Ausprägungen und Intensitäten unter uns bis heute erleben. Sünde findet dort statt, wo durch Hochmut sowie Selbstüberschätzung das Böse abgespalten und auf die anderen übertragen wird. Wo das geschieht, verdorren die Beziehungen. Alles Leben wird trocken, muss sich vor Gott krümmen und verstecken. Der Mensch hält dem Anblick Gottes nicht mehr stand, und er selbst traut sich nicht mehr, seine Augen auf Gott im aufrechten Gang zu richten.

Gerty Spies ist eine jüdische Autorin, die das Konzentrationslager der Nazis in Theresienstadt überlebte. Sie dichtet:

> *Was ist des Unschuldigen Schuld –*
> *Wo beginnt sie?*
> *Sie beginnt da,*
> *Wo er gelassen, mit hängenden Armen*
> *Schulterzuckend daneben steht,*
> *Den Mantel zuknöpft, die Zigarette*
> *Anzündet und spricht:*
> *Da kann man nichts machen.*
> *Seht, da beginnt des Unschuldigen Schuld.*[14]

»Es sind die anderen! Darum kann man nichts machen!« Das ist die eigentliche Sünde.

DAS PARADIES IST VERTAN

Nun beginnt eine neue Wirklichkeit. Das Schriftband zwischen den Bildern ist mehr als nur eine Zufälligkeit. Jetzt beginnt das Leben jenseits von Eden. Adam und Eva merken, dass ihnen etwas fehlt. Ihre Scham ist bedeckt. Eva schaut dem Verlorenen beschämt hinterher. Adam wendet sich dem neuen »Dach über dem Kopf« zu. Jetzt reicht nicht mehr der »göttliche Garten der Freiheit«. Jetzt ist der Mensch auf seine planerischen Fähigkeiten, auf sein handwerkliches Können und auf seine praktische Vernunft angewiesen. Und trotzdem wird fortan immer etwas fehlen! Es ist vom wahren Leben etwas unwiederbringlich verloren gegangen und gleichzeitig ist doch der göttliche Funke geblieben, der das Fehlende wahrnimmt.

Der französische Philosoph und Publizist, Theodore Simon Jouffrey (1796–1842) beschreibt das fehlende Jenseits von Eden eindrücklich:

Die Vertreibung aus dem Paradies

》*Da Gott ist, was uns fehlt, ist Gott der wahre Gegenstand der Liebe.*

Man sieht daraus, wie richtig wir sprechen, wenn wir die Gegenstände unserer Liebe göttlich nennen: in der Tat, sie gefallen uns und wir lieben sie, weil wir in ihnen einen Teil dessen finden, was uns fehlt, d.h. von Gott.

Wenn wir wüssten, was uns fehlt, hätten wir eine genaue Vorstellung von Gott und seiner Vollkommenheit, vom Paradies und vom Glück; aber wir wissen es nicht. Gott hat uns groß genug gemacht, als er uns das Gefühl und die Erkenntnis unserer Unvollkommenheit gab; das ist genug, um ihn zu lieben und um zu glauben. Was uns fehlt, existiert, weil es uns fehlt, und wir werden haben, was uns fehlt, weil wir geschaffen sind, es zu wünschen und zu lieben.

Unser Leben vergeht mit der Suche nach Gott, denn es vergeht mit der Suche nach dem, was uns fehlt.«[15]

WERDEN UND WACHSEN

»Die Frucht der Erbsünde ist die Arbeit!«, meinte einmal einer meiner theologischen Lehrer. An dieser Aussage ist etwas dran. Das fünfte Bild zeigt es. Adam erhebt die Hacke und muss mit seiner Muskelkraft nunmehr den Boden bearbeiten. Was als Frucht vor ihm wächst, hat Ähnlichkeit mit dem Baum der Gottes- und Nächstenliebe auf dem ersten Bild. Allerdings hier ist er viel kleiner und unscheinbarer.

Nicht nur die Bestellung der Erde macht Arbeit. Auch die Ausrichtung des Herzens auf den Gott der Liebe hin verlangt Übung, Ausdauer, Geduld, Mut und Stärke … Das gelingt nicht, wenn wir mit dieser Aufgabe allein bleiben. Da braucht es die Unterstützung des Himmels. Der Mensch kann auf der Erde nur in der Gnade wachsen. Ob darum der Engel sich dem Adam zuwendet? Er ist alt geworden, der Adam auf unserem fünften Bild. Er trägt nun Bart. Aber solange er hier sein Dasein fristet, muss er wachsen, wachsen in der Liebe und so Gott entgegen …

Eva sitzt auf einer prunkvollen Erhebung unter einem Tuchbaldachin auf der anderen Seite der Tafel. Sie hat Kain an der Brust und beide wenden sich einander zu. Sie

Leben und Arbeiten

ist ganz auf das Irdische fixiert und hat somit keinen Blick für den Engel. Die rechte Hand des Kindes ist nach der Mutter ausgestreckt. Menschliches Leben gibt es in dieser Welt jenseits des Paradieses nur in Beziehung. Papst Franziskus hat daran erinnert, dass wir nicht nur einen neuen, bewahrenden Umgang mit der Schöpfung benötigen, um zu überleben, sondern dass es auch einer Ökologie des Menschen bedarf. Diese Ökologie des Menschen, so erinnert der Papst, besteht in der Mystik der Begegnung. Wie diese gelingen kann, ist an der Darstellung von Mutter und Kind typologisch ablesbar. Es wird noch einmal ein Bild von Mutter und Kind geben. Es ist auf der Paralleltafel zu sehen: Maria mit dem Jesuskind. Es ist das Bild des unableitbaren Neuanfangs Gottes mit dem Menschen, der nicht mehr im Paradies lebt, aber zum Paradies zurückfinden soll.

WIE GERECHT IST GOTT

Die letzten beiden Bildtafeln auf dem linken Türflügel erzählen von Kain und Abel. Beide bringen vor Gott ihr Opfer dar. Der eine ist Viehbauer und bringt ein Erstlingslamm, der andere ist Getreidebauer und will vor Gott eine Getreidegarbe opfern.

> »*Der Herr schaute auf Abel und sein Opfer, aber auf Kain und sein Opfer schaute er nicht.« (Gen 4,3–7)*

Ich kann mich gut erinnern, wie im ersten Schuljahr unser Lehrer, den ich sehr verehrte, diese Geschichte von Kain und Abel erzählte. Er hatte am Kartenständer ein Bild aufgehängt und erzählte in lebendigen und spannenden Sequenzen, was zur Urgeschichte des jüdisch-christlichen Glaubens gehört. Ich war entsetzt. Ich konnte nicht verstehen, warum Gott so ungerecht sein kann. Warum nimmt er das Opfer des einen an und warum schaut er beim anderen gar nicht hin? Warum wendet sich Gott dem Abel zu (die Hand im Himmelssegment, die sich in Richtung Abel öffnet, macht es überdeutlich sichtbar) und kehrt dem Kain gleichsam den Rücken? Ich habe das damals nicht verstanden. Und die Erklärung meines Lehrers, dass es ganz Gottes Wille sei, ob er das Opfer des einen annimmt und das Opfer des anderen nicht, hat mich nie überzeugt.

Der heilige Bernward hat mir mit diesem Bild auf meine Fragen als Erstklässler eine Antwort gegeben: Abel steht ganz am Rand. Sein Blick ist nach oben gerichtet. Er trägt das Lamm in seinen Händen. Er weiß, dass das, was Gott gehört und Gott zur Ehre zurückgegeben werden soll, nicht einfach nur Gott hingeworfen werden darf. In tiefer Andacht hält er das Tier in einem Tuch. Das für Gott Bestimmte wird in Ehrfurcht gehalten, gleichsam in Gottesfurcht getragen.

Das Opfer von Kain und Abel

Kain dagegen kommt in Sturmesbraus daher. Sein Mantel weht noch im Wind und macht deutlich, wie ungestüm und aufgewühlt er Gott entgegentritt. Seine Getreidegarbe ist fest zusammengebunden. Sie gleicht einer Rute. Er hält sie, als würde er schon damit schlagen wollen.

Gott sieht nicht nur, was wir ihm bringen. Gott schaut tiefer und erkennt, in welcher Haltung wir uns ihm nähern. Bei Abel ist die Hingabe erkennbar (so wie später auf dem Bild des opfernden Josef bei der Darstellung im Tempel; beide Bilder sind sich ähnlich und fast reziprok zueinander). Bei Kain ist das Opfern nicht ausgerichtet nach oben. Er opfert, weil man es eben tut. Dieses Bild ist für mich wie ein Schlüssel für jedes geistliche Tun. Der Wüstenvater Johannes Cassian bringt es auf den Punkt:

> »*Nicht das Ergebnis einer Tat ist letztlich entscheidend, sondern die Absicht des Trägers. Darum muss ernstlich geprüft werden – nicht was einer getan hat, sondern warum er es getan hat.*«[16]

BRUDERMORD

Kain erschlägt seinen Bruder

Der Priester und Poet Andreas Knapp schreibt zu Kain und Abel das folgende Gedicht:

>»Kain und Abel
>beim ersten Mord
>ein Schrei blutrot
>zerreißt das All
>einmal ist nicht keinmal
>auch die Untat lässt sich nicht
>ungeschehen machen
>es braucht ein Kainmal
>sind doch alle des Schutzes bedürftig
>die Opfer
>und die Täter«[17]

Die letzte Tafel der alttestamentlichen Szenen trifft den Boden, auf dem der Betrachter steht. Kein anderes Bild berührt unsere Wirklichkeit so wie diese Tafel. Kain wird zweimal dargestellt. Er fällt jeweils aus dem Rahmen heraus, berührt fast unseren Boden, auf dem wir stehen. Am linken Bildrand schaut er auf zu Gott, dessen Finger auf den zeigt, der sich aus Scham, aufgrund seines schlechten Gewissens in den Mantel hüllt. Der Schlag war nicht ohne. Ein Fuß des Kain am rechten Bildrand ist abgestützt, damit der Schlag »sitzt«! Das war nicht nur ein Unfall, hier war eindeutig Wollen im Spiel.

Abel liegt in der Mitte am Boden. Der Mensch, der im ersten Bild durch Gott vom Boden aufgehoben wurde, liegt auf der Erde. Verkrümmt. Hilflos. Die Glieder von sich gestreckt. Wehrlos. Die Augen geschlossen. Ist er schon tot? Abel hat nichts in den Händen und trotzdem schlägt einer noch zu. Mit voller Wucht. »Da wächst kein Gras mehr!« sagen wir, wenn rohe Gewalt Leben bedrängt und vernichtet. Es gibt keinen Baum mehr. Die Erde ist tot. Und doch zahlt Gott nicht mit gleicher Münze zurück. Selbst der Mörder erfährt bei Gott noch Schutz. Er bleibt ein Angesehener, einer, den Gott nicht aus den Augen verliert.

Mein Vater sagte ganz oft: »Die Welt ist ein Hauen und Stechen.« Daran muss ich immer wieder denken, wenn ich vor diesem Bild stehe.

Etwas gewählter formuliert es die Philosophin Hanna Arendt. Sie notierte im März 1955 in ihr »Denktagebuch« die Zeile:

> » ›Amor Mundi – warum ist es so schwer, die Welt zu lieben?‹ Das ist eine herausfordernde Frage, zugleich ein Eingeständnis: Es ist schwer, die Welt zu lieben. Die Gründe dafür liegen auf der Hand. Wie war das mit dem Holocaust und dem Tsunami, mit der Brutalität der Evolution, mit der eigenen und der fremden Dummheit, mit dem bleiernen Scheitern?«[18]

Es ist schwer, die Welt zu lieben. Einer hat nie damit aufgehört. Gott selbst. Davon erzählt nun die andere Seite der Tür, die von unten nach oben uns vor Augen stellt, wie Gott in seiner Liebe den Menschen aufrichtet, ihn herausholt aus seinem »Kainsverstecken«, damit die Augen des Herzens geöffnet werden für die Hoffnung, zu der wir Menschen berufen sind. (vgl. Eph 1,17–18)

GOTTES WORT IN DER WELT

Auch das Bild der Verkündigung berührt den Fußboden, auf dem der Betrachter, die Betrachterin steht. Was damals in Nazareth geschah, ist nicht Vergangenheit. So wie es »Hauen und Stechen« unter uns gibt, so gibt es doch zugleich auch das andere:

Die Verkündigung

Gott spricht auch heute noch sein Wort zu uns. Gottes Wort ist nicht »von gestern«, sondern ist ganz gegenwärtig und will in »das Morgen«, in die Zukunft des Lebens führen.

Was hier geschieht, ist der Beginn einer neuen Wirklichkeit. Gott bricht nun ganz in das Irdische ein. Der Engel, der diese Botschaft verkündet, ist in seiner Gestalt ähnlich dargestellt wie der Engel, der dem Adam begegnet, als er den Ackerboden bereitet. Überall dort, wo ein Engel ins Bild tritt, ist Gott mit seiner Wirkmacht gegenwärtig. Ein anderes Wort dafür heißt »Gnade«! Maria geht auf Distanz. So wird das Erschrecken, das sich ihrer bemächtigt, sichtbar. All das geschieht vor der Kulisse einer Stadt. Die Stadt ist im Altertum der Ort des Lebens. Während im Parallelbild der Verurteilung Kains durch Gott kein einziges Pflänzchen mehr zu sehen ist, trägt Maria einen grünenden Zweig in ihrer Hand. Gott setzt mit Maria noch einmal einen unableitbaren Neuanfang. Die Jungfrau empfängt einen Sohn, der ganz aus Gottes Wort hervorgeht, um dann ganz Gottes Wort zu sein. Maria fragt. Aber sie sagt dann Ja. Sie erkennt: Was hier geschieht ist das Unmögliche, das nur durch Gott möglich werden kann. So lebt sie ganz in der Gegenwart des Wortes, um die Verheißung für alle Menschen hervorzubringen.

Dietrich Bonhoeffer schreibt mit gefesselten Händen in seinem Gefängnistagebuch an seinen Freund Eberhard Bethge am 19. März 1944:

> »In meiner jetzigen Umgebung finde ich fast nur Menschen, die
> sich an ihre Wünsche klammern und dadurch für andere Menschen
> nichts sind; sie hören nicht mehr und sind unfähig zur Nächstenliebe.
> Ich denke, auch hier muss man leben, als gäbe es keine Wünsche
> und keine Zukunft, und ganz der sein, der man ist. Es ist merkwür-
> dig, wie sich andere Menschen dann an uns halten, ausrichten und
> sich etwas sagen lassen.«[19]

Ganz in der Gegenwart leben. Auch Maria hatte Wünsche und Vorstellungen von einem geglückten Leben in der Familie. Aber sie spürt in dieser Stunde der Begegnung mit dem Engel: Wir sind nicht nur das, was wir uns wünschen. Wir sind auch nicht das Produkt unseres Erfolges oder das Ergebnis unseres Scheiterns. Wir sind und wir bleiben: Gerufene und Gesandte. Hier und jetzt. Nur darin liegen unsere Bestimmung und unser Glück. Und diese Bestimmung, gerufen und gesandt zu sein, ist ein Geschenk, ist nicht das Produkt unserer Anstrengung oder unseres Wollens. Darum nennen wir es Gnade, Geschenk von Gott.

GOTT ALS MENSCH

Es ist ein ganz anderes Bild der Geburt Jesu, als wir es üblicherweise kennen. Wieder sind verschiedene Häuser und Torbogen der Hintergrund. Vier Personen bestimmen das Bild. Maria liegt im Wochenbett. Das Kind finden wir eingewickelt in einer Krippe, umgeben von Ochs und Esel. Nur die Muttergottes hat es im Blick. Der heilige Josef sitzt am Rande, in sich versunken und nachdenkend. Der Kopf wird von der rechten Hand gestützt. Hinter dem Bett der Muttergottes steht eine Amme. Das Pseudoevangelium nach Matthäus nennt sie Salome. Sie kann das Geschehene nicht verstehen und deuten. Sie zweifelt, woraufhin ihre Hand verdorrt, die dann späterhin das Jesuskind heilen wird. So wie beim alttestamentlichen Bild von Kain und Abel die unterschiedlichen Glaubenshaltungen die Beziehung zu Gott prägen, so sind auch in diesem Bild die Haltungen des Zweifels und Nachdenkens durch die beiden Figuren der Salome und des Josef mit einbezogen.

Maria hält dem Betrachter ein offenes Buch entgegen. Ihre Blickrichtung weist auf ihr Kind und will uns damit sagen: »Es steht doch alles schon in den Heiligen Schriften geschrieben!«. Später wird ihr auferstandener Sohn den Jüngern auf dem Weg nach Emmaus sagen:

> »Ihr Unverständigen, deren Herz zu träge ist, um alles zu glauben,
> was die Propheten gesagt haben. Musste nicht der Christus das er-
> leiden und so in seine Herrlichkeit gelangen? Und er legte ihnen dar,

Die Geburt

ausgehend von Mose und allen Propheten, was in der gesamten Schrift über ihn geschrieben steht.« (Lk 24,15f)

Der rote Faden der Heilige Schrift ist in einer Aussage zusammenfassbar: Gott will mit uns immer wieder neu anfangen. In der Geburt Jesu ist dieser Neuanfang unüberbietbar. Gott fängt mit uns an, damit wir aufhören.

Ingeborg Bachmann, die 1971 in einem Interview befragt wurde, warum sie aufgehört habe, Gedichte zu schreiben, erklärt:

» *Man muss wissen, wann man aufhört.« Darauf der Interviewer: »Ja, vielleicht, wenn Sie sich zu schwach fühlen, aber das glaube ich nicht ...«, womit er zu erkennen gibt, dass er seine Gesprächspartnerin gründlich missverstanden hat, denn so Bachmann: »Aufhören ist eine Stärke, nicht eine Schwäche.«*[20]

Gott fängt mit uns neu an, damit wir aufhören, uns selbst einen eigenen Sinn des Lebens zu setzen.

Gott hat mit Jesus einen neuen Anfang gewagt, damit wir aufhören, auf unsere Leistungen und auf unser Können zu schielen, sondern entdecken: alles ist Gnade.

Gott wird in Jesus in diese Welt hineingeboren, damit wir aufhören, uns selbst zu wichtig zu nehmen und einen Blick dafür bekommen, dass das Wesentliche, die Anerkennung und die Liebe, uns ohne unser Zutun bereits von Gott geschenkt wurde.

FÜR DIE WELT

Maria sitzt auf einem erhöhten Thron. Wie eine Königin im Palast. Das Kind auf ihrem Schoß. Es hat ein Buch in der Hand. Dieses Kind ist die Verheißung der Heiligen Schrift. Bernward setzt die Erzählung von den drei Magiern ins Bild, die durch die Geschichte des Christentums hindurch in vielfacher Legendenbildung zahlreiche Ausschmückungen erfahren hat. Im Matthäusevangelium wird erzählt, dass Menschen ihre Sehnsucht wahrnehmen und sich auf den Weg machen, um eine Antwort auf ihre Sehnsucht zu finden.

Die Anbetung des Kindes durch die Magier

Nelly Sachs sagt einmal: »Die Sehnsucht ist der Anfang von allem.« Und Rainer Maria Rilke schreibt: »Geh bis zu Deiner Sehnsucht Rand.« Das tun die Magier im Matthäusevangelium. Sie folgen dem Licht, das sie wie ein Geheimnis in der Gestalt eines Sternes führt. Sie stoßen dabei auf Widerstand der Führer im Volk Israel, das die Verheißung doch eigentlich kennt. Aber sie lassen sich nicht irre machen. Sie folgen ihrer Intuition und finden den Stern, der angesichts des neu geborenen Lichtes der Welt nur noch winzig erscheint.

Die Tradition erzählt: Die Magier kommen von fern, sie sind die ersten »Ausländer« an der Krippe, und sie bringen Geschenke dar: Gold, Weihrauch und Myrrhe. Von den Geschenken wird abgeleitet, dass es drei gewesen sind. Bernward gestaltet sie als Könige. Sie gehen dem eigentlichen König entgegen. Ihre Hände zeigen auf den, der der eigentliche Mittelpunkt des Bildes ist und der die Sehnsucht nach Leben füllen kann.

»Als sie den Stern wiedersahen, wurden sie von sehr großer Freude erfüllt«, heißt es im Matthäusevangelium. Das Bild der Bernwardtür lässt erahnen: hier ist die Begegnung mit dem Kind nicht nur äußerlich geblieben. Die Könige gehen andächtig und nach innen gekehrt auf das Jesuskind zu.

»Die Sterndeuter sahen das Kind und Maria, die Mutter, da fielen sie nieder und huldigten ihm.« Hier findet Gottesbegegnung statt. Das Evangelium spricht nicht nur vom Staunen, von großen Reden, von staatsmännisch unterwürfiger Diplomatie, sondern diese, die wir als drei Könige vor Augen gestellt bekommen, finden an der Krippe des menschgewordenen Gottessohnes zur Anbetung.

Den Königen ist etwas auf der Innenseite des Herzens klar geworden. Sie begreifen, dass das, was sie sehen, nicht nur mit den Augen, sondern mit dem Herzen erkannt werden muss. Sie spüren: Das Bild dieses Kindes darf nicht aus der Erinnerung getilgt werden.

Gott zeigt sich den Völkern. Mehr kann Gott den Menschen nicht mehr zu Herzen reden: Gott wird Mensch für alle. Er weitet seine Zuständigkeit. Was in Betlehem geschehen ist, hat nicht nur Bedeutung für ein auserwähltes Volk. In der ersten Stunde der Menschwerdung spricht Gott eine neue Sprache. Alle Völker dürfen nunmehr hinzutreten und eintauchen in die Verheißung, die Gott seinem Volk mit Abraham versprochen hatte.

DAS LICHT IN DER FINSTERNIS

Dieses Bild bewegt viele Menschen. Besonders aufgrund der Darstellung des Josef, der mit tiefer Andacht am Rande des Bildes steht und das Opfer der armen Leute dem Geschehen im Tempel entgegenhält: eine Taube. Dieses Bild hat große Ähnlich-

Die Begegnung mit Simeon im Tempel

keit mit dem Opfer des Abel, der das Erstlingslamm im Tuch Gott hinhält. So wird der Betrachter zur Mitte des Bildes geführt. Der greise Simeon, ein großer Beter im Tempel, der auf die Erlösung seines Volkes wartet, sieht das Kind und preist es mit alttestamentlichen Psalmversen:

> »*Nun lässt Du, Herr, deinen Knecht in Frieden scheiden. Denn meine Augen haben das Heil gesehen, das du allen Völkern bereitet hast, ein Licht zur Erleuchtung der Heiden und Herrlichkeit für Dein Volk Israel.*«
> (Lk 2, 32–35)

Der Vorhang des Tempels ist geöffnet. Der Opferaltar ist sichtbar. Damit rückt ein Thema in das Bild, das nun in den darüberliegenden Feldern entfaltet wird. Da ist ein Kind, das Simeon seligpreist, weil es die Verheißung Gottes erfüllen wird, »die Tür zum Paradies« wieder zu öffnen, die auf der Gegenseite der Bernwardtür für Adam verschlossen wurde. In dieses Heilsgeschehen sind alle einbezogen: Das Volk Gottes selbst, aber ebenso die Heiden, die durch dieses Kind hineingezogen werden in den Bund, den Gott mit seinem Volk geschlossen hat.

Alle Menschen sollen Anteil erhalten an dem Licht, das in diesem Kind die Welt berührt. Was soll das bedeuten, wenn von Jesus gesagt wird, er sei das Licht, und wodurch ist er Licht und wieso, fragt der bedeutende Ökumeniker Heinrich Fries (1911–1998) und antwortet:

> *》Er ist es, weil er die Wirklichkeit Gottes ins Licht bringt und sehen lässt. Jesus, der von Anfang an, vor aller Schöpfung bei Gott war, als ... Licht vom Licht (Joh 1,9), ... hat uns offenbar gemacht, wer Gott ist, wie Gott gesinnt ist, wie Gott handelt ... Gott ist die Liebe, Gott ist Licht. Wo die Wirklichkeit Gottes ins Licht kommt, wird die Welt auf eine neue Weise hell: Sie erkennt sich in diesem Licht als Schöpfung, als Eigentum Gottes. Im Licht Gottes erkennt der Mensch sich selbst als Geschöpf, als Gottes geliebtes Kind. Sein Leben wird durchsichtig als Weg, der von Gott kommt und zu Gott führt.《*[21]

Josef mit Taubenopfer

FLÜSTERER

Jesus vor Pilatus

Die Bernwardtür macht in der Abfolge der Jesusgeschichte einen mächtigen Sprung. Die hier entstehende »Lücke« wird in 24 Szenen aus dem irdischen Leben Jesu auf der Christussäule erzählt.

Jesus steht vor Pilatus, der wie ein Weltenrichter auf einem Thron sitzt. Die äußeren Konturen eines Palastes unterstreichen seine Macht und seine Autorität. Es ist zu erkennen, dass die, die Jesus zu ihm bringen, durch ihre Gebärden deutlich machen, dass sie ihn zu beeinflussen suchen. Wir kennen aus dem Evangelium, wie sie alle rufen:

> »Kreuzige ihn. ... Wenn du ihn freilässt, bist du kein Freund des Kaisers, jeder, der sich als König ausgibt, lehnt sich gegen den Kaiser auf!« (Joh 19, 12)

Und dennoch: Der Künstler unserer Tür hält fest, dass es nicht der Einfluss der Menge ist, die dem Pilatus das Urteil abringt. Das wäre für das Verständnis zu einfach, zu plakativ, zu eindimensional ... Nein, das ist der Flüsterer. Pilatus wird von einer noch anderen Macht des Bösen geleitet. Der Teufel in der Gestalt des Drachen bemächtigt sich dieses Machthabers. Der Widerstand gegen Jesus hat noch eine andere Dimension als nur die eines menschlichen Fehlurteiles. Das wird unterstrichen durch die Haltung, mit der sich Jesus der Macht entgegenstellt. Seine Arme und Hände sind geöffnet. Fast so wie bei einem Priester, der die Hände zum Gebet erhebt. Sein Gesichtsausdruck ist nach innen gerichtet und lässt erkennen, dass er von woanders her denkt, dass er von woanders her glaubt. Auch Jesus hört. Ist es die Stimme, die er bei seiner Taufe am Jordan als Berufung und Sendung wahrgenommen hat? »Das ist mein geliebter Sohn!« Jedenfalls geht Jesus hier mit der offenen Haltung der Hingabe seinen Weg, während auf der gegenüberliegenden Bildhälfte der Tür Adam und Eva sich verkrampft mit den Armen als Antibild verschließen und ihre Sünde verdrängen.

Edith Stein, die große jüdische Philosophin, die in den Karmel von Köln eintritt und von den Nazis im Konzentrationslager Auschwitz umgebracht wird, gibt sich den Namen: »Teresia Benedicta a cruce«. Auch sie versteht ihr Leben als Hingabe. Das Kreuz, der leidende Christus, ist darin ihr Vorbild. Als die Gestapo sie im Karmel zu Echt in Holland, in den sie geflohen war, abholen will, sagt sie zu ihrer Schwester Rosa, die ebenfalls als Jüdin dort Unterschlupf gefunden hatte: »Komm, wir gehen für unser Volk!« Das war nicht eine situative heroische Tat. Sie hatte zuvor ein Gebet gedichtet, das ganz ihre Haltung und ihre Freundschaft mit dem Gekreuzigten dokumentiert:

> *Ohne Vorbehalt und ohne Sorgen*
> *leg' ich meinen Tag in Deine Hand.*
> *Sei mein Heute, sei mein gläubig Morgen,*
> *sei mein Gestern, das ich überwand.*
> *Frag mich nicht nach meinen Sehnsuchtswegen –*
> *bin aus Deinem Mosaik ein Stein.*
> *Wirst mich an die rechte Stelle legen –*
> *Deinen Händen bette ich mich ein.*[22]

Und in ihrem Testament vom 9. Juni 1939, also drei Jahre vor ihrem Tod, schreibt sie:

> »*Schon jetzt nehme ich den Tod, den Gott mir zugedacht hat,*
> *in vollkommener Unterwerfung unter Seinen heiligsten Willen mit*
> *Freuden entgegen. Ich bitte den Herrn, dass Er mein Leben und*
> *Sterben annehmen möchte zu seiner Ehre und Verherrlichung, für*
> *alle Anliegen der heiligsten Herzen Jesu und Mariä und der Heiligen*
> *Kirche, insbesondere für die Erhaltung, Heiligung und Vollendung*
> *unseres heiligen Ordens, namentlich des Kölner und Echter Karmels,*
> *zur Sühne für den Unglauben des jüdischen Volkes und damit der*

Herr von den Seinen aufgenommen werde und sein Reich komme in Herrlichkeit, für die Rettung Deutschlands und den Frieden der Welt, schließlich für meine Angehörigen, lebende und tote und alle, die Gott mir gegeben hat: Dass keines von ihnen verloren gehe.«[23]

Das sind herausfordernde, fast unverständliche Worte. Und doch stammen sie aus einer Haltung, die sich an die Seite des leidenden Christus stellt und seine geöffneten Arme und Hände in tiefer Solidarität übernimmt.

DAS KREUZ ALS DER BAUM DES LEBENS

Das Kreuz ist kein »hartgekanteter Pfahl«. Es ist schon ein blühender, grünender Baum. Wo im gegenüberliegenden Bild der Tür Adam und Eva vom Baum der Erkenntnis von Gut und Böse essen und damit das Unheil in die Welt bringen, verwelkt der Baum. Im Tod Jesu sprosst das neue Leben wieder aus. Jesus ist nicht in einer leidenden Haltung dargestellt, wie wir es später in der Gotik zum Beispiel beim Isenheimer Altar kennen. Der romanische Jesus hat die Haltung der Erhabenheit. Seine Hände zeigen sich noch am Kreuz als schützende Hände über Maria und Johannes.

Die Kreuzigung am Lebensbaum

Indem diese Hände sich fast segnend ihnen zuwenden, umschließen sie auch noch schützend die beiden Schergen, die ihm den Stab mit Essig reichen und seine Seite mit der Lanze durchbohren wollen. Schon hier ist der tote Jesus auch der lebende Christus.

Es berührt mich immer wieder, wie Bernward auch in seinem kleinen Bernwardkreuz oder in dem großen Ringelheimer Kreuz Christus eine Gestalt gibt. Es ist der ruhende Christus inmitten des Leids. Es ist der andächtige Christus inmitten der Gottesfinsternis. Es ist der hingebungsvolle Christus inmitten aller menschlichen Ablehnung.

Christus, den Bernward am Kreuz darstellt, ist der »wandelnde« Christus.

Papst Benedikt erinnert in seiner Predigt für die Jugendlichen beim Weltjugendtag in Köln 2005, worin diese Verwandlung des Kreuzes besteht:

> *»Was von außen her brutale Gewalt ist – die Kreuzigung –, wird von innen her ein Akt der Liebe, die sich selber schenkt, ganz und gar. Dies ist die eigentliche Wandlung, die im Abendmahlssaal geschah und die dazu bestimmt war, einen Prozess der Verwandlungen in Gang zu bringen, dessen letztes Ziel die Verwandlung der Welt dahin ist, dass Gott alles in allem sei (vgl. 1 Kor 15,28). Alle Menschen warten immer schon irgendwie in ihrem Herzen auf eine Veränderung und Verwandlung der Welt. Dies nun ist der zentrale Verwandlungsakt, der allein wirklich die Welt erneuern kann: Gewalt wird in Liebe umgewandelt und so Tod in Leben. Weil er den Tod in Liebe umformt, darum ist der Tod als solcher schon von innen her überwunden und Auferstehung schon in ihm da. Der Tod ist gleichsam von innen verwundet und kann nicht mehr das letzte Wort sein. Das ist sozusagen die Kernspaltung im Innersten des Seins – der Sieg der Liebe über den Hass, der Sieg der Liebe über den Tod. Nur von dieser innersten Explosion des Guten her, die das Böse überwindet, kann dann die Kette der Verwandlungen ausgehen, die allmählich die Welt umformt. Alle anderen Veränderungen bleiben oberflächlich und retten nicht. Darum sprechen wir von Erlösung: Das zuinnerst Notwendige ist geschehen, und wir können in diesen Vorgang hineintreten. Jesus kann seinen Leib austeilen, weil er wirklich sich selber gibt.«[24]*

DAS LEERE GRAB

Die drei Frauen am Grab

Da gehen drei Frauen zum Grab. Sie sind benommen von den Ereignissen der vergangenen Tage. Voller Trauer und Schmerz sind sie rückwärtsgewandt. Sie wollen den Leichnam einbalsamieren, das Vergängliche irgendwie konservieren oder zumindest eine Zeit lang noch erhalten.

Darum erfüllt sie nur eine Sorge: Wer wälzt uns den schweren Stein vom Grab weg? Als sei das das Problem.

Das Grab ist auf dem Bild wie der Tempel dargestellt. Allerdings ist auf dem First des Daches bereits ein Kreuz zu sehen.

Vor dem Eingang, dem Betrachter zugewandt, hängt der Vorhang des Tempels, von dem sooft in der Bibel die Rede ist. In der Passion des Matthäus hören wir, wie er in der Stunde des Todes mitten entzweireißt. Aber hier, auf unserer Bernwardtür, ist das Bild anders. In diesen Vorhang ist ein großer Knoten geknüpft. Vielfach kann man in der mittelalterlichen Kunst solche Vorhänge finden, die geknotet sind. Eine Bedeutung lässt sich kaum festlegen.

Ich fantasiere aber etwas: Ein gordischer Knoten? Kann man nicht sagen: Jedes Grab ist für uns Lebende ein »unlösbares«, ein nicht »aufknotbares« Problem?

Wer von uns kann schon den Tod erklären? Wer ist schon in der Lage, eine Antwort auf die Frage zu geben, was mit uns in der Stunde des Todes ist?

Natürlich haben wir als fromme Christen dazu unsere dogmatischen Antworten. Wir reden von Auferstehung, Teilhabe am himmlischen Hochzeitsmahl, wir sprechen von der Auferstehung des Leibes, oder dass die Seele in den Himmel aufgenommen wird.

Viele Bilder hat uns die christliche Tradition überliefert, die ausdeuten, was nach dem Tod mit uns geschieht.

Wollen wir diese Bilder allerdings wirklich in der Tiefe unseres Herzens verstehen, dann müssen wir zunächst das abgrundtiefe Geheimnis des Todes an uns heranlassen. Unser Leben ist todverfallen. Aber wohin dieser Fall führt, in welches Dunkel und in welche Ausweglosigkeit wir in der Stunde des Todes hineingerissen werden, weiß von uns keiner.

Das Rätsel des Todes ist wie ein gordischer Knoten. Aus menschlicher Sicht nicht zu lösen.

Ob das die Frauen eigentlich meinen, wenn sie fragen, wer ihnen den Stein wegschieben könnte? Ob sie nicht vielmehr fragen, wie sie in ihrem Zweifel hinter der Dunkelheit des Todes ein Licht wahrnehmen können? Ob sie mit ihrer Frage nicht vielmehr den Stein des Unglaubens in ihrem Herzen meinen? Wie soll man in der steinschweren Trauer glauben, dass dieser Jesus nicht im Reich des Todes verloren ist, sondern auferweckt wurde?

Wie auch immer, in dieser Herzensschwere treffen sie auf den Engel. Sie erschrecken. Das kann man noch verstehen. Wenn man zuvor geglaubt hat, das Grab sei verschlossen, der davor gewälzte Stein sei eine unüberwindbare Barriere – da fährt einem schon der Schock in die Glieder, wenn man sieht, dass das Grab offen, der Leichnam fortgeschafft ist und der Engel – wie ein Wächter und ein Hindernis zugleich – vor dem leeren Grab sitzt.

Auf der Bernwardtür sitzt der Engel auf dem Opferaltar. Er sitzt dort wie ein Lehrender. Es scheint fast so, als würde er den drei Frauen einen Vortrag halten. Die erste hört aufmerksam zu, die zweite erhebt schützend die Hand, als wolle sie sich nicht blenden lassen, und die dritte ist in sich versunken.

»Was sucht ihr den Lebenden bei den Toten?« (Lk 24,5) Der Vorhang des Tempels ist durch die Knoten des Vorhanges einsehbar. Die Trennung durch den Vorhang, der die Bundeslade, das Symbol für die Gegenwart Gottes, vom Menschen ehrfurchtsvoll distanziert, ist aufgehoben. Im Auferstandenen ist Gott berührbar geworden, einer unter uns. Der Tempel ist leer. Tote Steine, toter Schmuck, totes Metall können Jesus nicht einschließen. Auch nicht in der Kirche. Bis heute nicht. Daran erinnert Georg Mross in seiner Auslegung zu dieser Bildtafel:

> *Die Frauen wollen etwas sehr Frommes tun; sie wollen dem Leichnam die letzte Ehre erweisen, ihn einbalsamieren, ihn pflegen. »Pflege« heißt mit einem Fremdwort Kult. Aber sie sollen ihren Dienst, ihren Kult dem Lebenden schenken, sie sollen ihm nachfolgen! »Er geht euch voraus …«, sagt der Engel. Immer ist Jesus schon voraus. Wo wir auch hinkommen – er ist schon da, in Menschen, Aufgaben und Arbeiten, in Leiden und Freuden.« Und zwar nicht irgendwo. Sondern dort, wo wir zuhause sind. Jesus geht nach Galiläa voraus, dorthin, wo die Jünger zuhause sind. ›Dort sollen wir ihm in den Menschen dienen, ihm Ehre erweisen – überall‹, Ignatius wird später sagen: in allen Dingen. ›Dann erst werden wir ihm in der Kirche im Kult wirklich begegnen. Wenn wir ihn nur dort suchen, zeigt sich die Kirche auf Dauer zwar als schönes, stilvolles und feierliches, aber letztlich leeres Grab.‹«*[25]

NOLI ME TANGERE – DIE AUFRICHTUNG DES MENSCHEN

Da liegt wieder jemand am Boden. In der Mitte Christus, der am Stabkreuz zu erkennen ist. Links und rechts im Bild ein Baum mit Trauben: der Weinstock, von dem Jesus in einem Bildwort zu seinen Jüngern gesprochen hatte. Wie die Adler nach oben steigen und in großer Erhabenheit mit ihren Schwingen in den Himmel fliegen, so steigt nun Jesus, der fruchtbare Weinstock, in die Höhe des Vaters. Jesus schwebt, ist schon nicht mehr der, der mit den Füßen auf dem Boden dieser Erde steht. Vor ihm ein Mensch. Maria Magdalena im Garten – ähnlich wie Adam im gegenüberliegenden Bild auf die Erde geworfen. Ihre Arme und Hände sind offen. Sie strecken sich Jesus entgegen. Den sie zunächst als Gärtner identifiziert, erkennt sie bei der Anrede durch ihren Namen als ihren Herrn und Meister.

»Noli me tangere!« »Rühr mich nicht an!«, sagt Jesus. Es gibt eine Distanz zum Auferstandenen, eine Nicht-mehr-Berührbarkeit oder Noch-nicht-Berührbarkeit. Sie unterscheidet sich von der Berührbarkeit, wie sie bestand, als Maria Jesus begegnete und mit ihren Tränen seine Füße wusch.[26] Und zugleich gibt es eine neue Nähe, die darin zum Ausdruck kommt, dass Christus Maria Magdalena anschaut und ihr die Hand reicht, als wolle er sie wie eine neue Schöpfung neu aufrichten, so wie Gott am sechsten Tag der Schöpfung den Adam aufgerichtet hat als sein Ebenbild.

Jesus ist als der Auferstandene bereits der erhöhte Herr – der Christus, den man nun nicht mehr berühren kann, wie ein Stück Holz. Es ist der Christus, der in eine neue

Die endgültige Aufrichtung des Menschen

Wirklichkeit eingegangen ist, die uns zugleich umfängt und berührt. Das zu sehen, mit dem Herzen zu sehen, ist dem Gläubigen aufgetragen. Papst Benedikt XVI. beschreibt dieses Sehen mit eindrücklichen Worten:

> *» Wer kann ihn sehen?*
>
> *Der Glaube an den Auferstandenen ist Glaube an wirklich Geschehenes. Auch heute bleibt bestehen, dass Christentum nicht Legende und Dichtung ist, nicht bloßer Appell oder bloße Vertröstung: Der Glaube steht auf dem festen Grund geschehener Wirklichkeit; in den Worten der Schrift können wir gleichsam auch heute noch die verklärten Wundmale des Herrn anrühren und mit Thomas dankbar und freudig sagen: Mein Herr und mein Gott (Joh 20,28).*
>
> *Da taucht freilich immer wieder eine Frage auf. Nicht alle haben Jesus gesehen, den Auferstandenen. Warum eigentlich nicht? Warum ist er nicht triumphierend zu den Pharisäern und zu Pilatus gegangen, um ihnen zu zeigen, dass er lebe und gerade sie an seine Wundmale rühren zu lassen? Bei solchen Fragen vergessen wir, dass Jesus nicht ein wiedergekehrter Toter war, wie Lazarus oder der*

Jüngling von Naim, die noch einmal in das bisherige biologische Leben zurückkehren durften, das dann irgendwann später doch unausweichlich und endgültig mit dem Tod endigen musste. Was bei Jesus geschah, war anderes: Er ist nicht zurückgekehrt ins alte, sondern aufgebrochen ins neue, in das endgültige Leben, das nicht mehr dem Todesgesetz der Natur unterworfen ist, sondern in der Freiheit Gottes steht und deshalb endgültig ist. (…)

Den Auferstandenen sieht man nicht wie ein Stück Holz oder Stein. Ihn sieht nur, wem er sich offenbart. Und er offenbart sich nur dem, den er senden kann. Er offenbart sich nicht der Neugier, sondern der Liebe die ist das Organ, das zu solchem Sehen und Vernehmen unerlässlich ist.«[27]

DIE BERNWARDTÜR – EINE ERSTE PREDIGT

Die Tür des heiligen Bernward ist keine Bilderbibel. Sie ist ein Programm. Ein theologisches Programm. Jedes einzelne Bild spricht eine besondere Sprache. In der einfachen Darstellung steckt immer eine Tiefendimension. Bernward schlägt den großen Deutungsbogen zwischen der Erschaffung des Menschen und der Verheißung der Auferstehung des Menschen zum neuen Leben. Dabei kommunizieren die Bilder miteinander. Die jeweils nebeneinanderstehenden Bildtafeln haben einen Bezug zueinander. Das Neue Testament ist dabei nicht die Erfüllung des Alten Testamentes. Im Bildprogramm des Bernward wird deutlich, dass er die Zwei-Eine-Bibel denkt. Er weiß sehr wohl, dass es in der Verkündigung ein »alttestamentliches Plus« gibt, also eine Botschaft, eine Verkündigung, die wir im Neuen Testament nicht finden. Die Auferstehung der Toten – so wird in den beiden oberen Bildtafeln des rechten Türflügels deutlich – bedeutet für Bernward letztlich den zu Ende gedachten Schöpfergott.

Aber auch in der Diagonale lassen sich theologische Ableitungen treffen, die etwas von der tiefen spirituellen und theologischen Sicht des großen Bischofs erahnen lassen. Die Tür will zum Glauben ermutigen, dass Gott in sich die Liebe ist, also Beziehung. Bernward verdeutlicht dies an einem kleinen Detail: Dem Schöpfergott zeichnet er bereits in der ersten Bildtafel in seinem Nimbus das Kreuz ein. Da wird schon sichtbar gemacht: Gott ist mit Jesus Christus im Heiligen Geist eins. In der Liebe spricht Gott sein schöpferisches Wort. Gottes Wort wirkt so mächtig, dass es aus dem Nichts alles ins Dasein ruft. Gott bleibt diesem Wort des Anfangs immer treu und wirkt in diesem Wort durch alle Zeit. Schließlich bewirkt er mit seinem Wort an Maria einen »unableitbaren Neuanfang«[28], den späterhin der Apostel Paulus »eine neue Schöpfung« (vgl. Röm 6,4 und Gal 6,15) nennen wird. Und Johannes beschreibt in den ersten Zeilen seines Evangeliums:

> *Im Anfang war das Wort, und das Wort war bei Gott, und das Wort war Gott. Dieses war im Anfang bei Gott. Alles ist durch das Wort geworden und ohne es wurde nichts, was geworden ist. In ihm war Leben, und das Leben war das Licht der Menschen. Und das Licht leuchtet in der Finsternis und die Finsternis hat es nicht erfasst.*
>
> *…*
>
> *Und das Wort ist Fleisch geworden und hat unter uns gewohnt, und wir haben seine Herrlichkeit geschaut, die Herrlichkeit des einzigen Sohnes vom Vater, voll Gnade und Wahrheit.« (Joh 1,1–14)*

Und nur wer weiß, wie sehr der Mensch in seiner Zerrissenheit, seinem inneren Unfrieden, in seiner Sünde zum »Unheil des Menschen« werden kann, wer somit die ehrliche Sicht auf die Wirklichkeit dieser Welt zulässt und seine Erlösungsbedürftigkeit erkennt, nur der kann glaubend erahnen, wie groß die Liebe Gottes ist, die den Menschen durch Tod und Auferstehung in einer neuen Hoffnung aufrichtet. In dem Bilderzyklus der Bernwardtür wird dem, der den Dom betritt, die erste Predigt gehalten. Die Tür verkündigt, wer der Mensch ist und wem er sein Leben verdankt. Als Geschöpf Gottes trägt der Mensch eine unauslöschliche Würde in sich, die darin besteht, dass er Gott und seine Mitmenschen lieben kann. Aber der so in Freiheit geschaffene Mensch kann fallen, tief fallen. Die Sünde gehört zu seiner existentiellen Befindlichkeit. Sünde ist: so wie Gott sein wollen, was immer die Gottesferne durch die Gottesabkehr nach sich zieht. Diese Ferne von Gott kann nur Gott selbst überwinden. Darum spricht er das Wort des Schöpfungsmorgens noch einmal neu in dem Wort, das in Maria Mensch wird. Im Ja zu diesem Wort wird Maria zum ersten Menschen, der sich ganz auf die Gnade Gottes einlässt. Sie wird der neue Mensch. Wer diesem Wort vertraut und daran glaubt, dass sich die Liebe auch noch in der Gottesfinsternis des Kreuzes treu bleibt; wer diesem Wort im eigenen Herzen Raum gibt, so wie Maria, wird aufgerichtet und hineingezogen in das ewige Wort, wird durch den Auferstandenen hineingezogen in den ewigen Ostermorgen.

Also: Die Tür beschreibt, wer wir sind. Die Tür erzählt, wer wir werden, wenn wir diesem Wort trauen, das hinter dieser Tür für den verkündet wird, der durch diese Tür mit offenem Herzen hindurchgeht.

Bernwards Tür ist die Ouvertüre des Domes. Sie stimmt das Thema an, das uns erwartet, wenn wir durch dieses Tor schreiten. Es ist das Thema, das vom »Fallen« des Menschen erzählt, von seiner Sünde und seiner Schuld. Genauso deutlich klingt aber auch an, was uns erwartet, wenn wir diese Tür durchschreiten. Wir bekommen eine göttliche Arznei gereicht, die uns an Leib und Seele aufrichten will. Das Bildprogramm der Bernwardtür als Ouvertüre des Domes lässt uns hoffen, dass in diesem Haus der Gott anzutreffen ist, der uns in unserer Würde stärkt und neu sendet.

Blick durch das Langhaus zum Altar

DER WEITE RAUM UND DIE SÄULEN DES TEMPELS

Wer die Bernwardtür durchschreitet, wird hineingenommen in einen Raum, der uns mit der Transzendenz des Göttlichen berührt. Der Raum hat eine deutliche Ordnung:

Zwölf Säulen verweisen auf zwölf Apostel.

Stützen und Säulen, angeordnet im sächsischen Stützenwechsel, teilen das Langhaus in drei Abschnitte: Taufbecken, Radleuchter des Hezilo (1054–1079) und Tintenfassmadonna.[29] Zwölf Säulen symbolisieren die zwölf Apostel, auf deren Fundament die Kirche gegründet ist.

Auch der Chorraum ist dreigeteilt: die Vierung mit dem Altar von Ulrich Rückriem (2014), der Radleuchter des Thietmar (1038–1044), der im anschließenden Chorquadrat den Chorraum markiert; am Ort des ehemaligen Hochaltars steht heute die Irmensäule, geschmückt mit einem Lichtkreuz des Künstlerehepaares Ulla und Martin Kaufmann (2014). Dieser ehemalige Osterleuchter wurde von Bischof Hezilo für den wiederaufgebauten Dom nach der Brandkatastrophe (1046) gestiftet, eine Säule, die lange Zeit für die von Karl dem Großen gestürzte Göttersäule der Sachsen (Irminsul) gehalten wurde.

Unmittelbar nach Betreten des Domes durch die Bernwardtür sind zwei eher versteckte Nischensäulen zu sehen, deren Schäfte aus rotem Sandstein gemeißelt sind:

Mit diesen beiden Säulen wird an die beiden im Buch der Könige beschriebenen Säulen an der Front des salomonischen Tempels erinnert:

> » *Für die Vorderseite des Hauses machte er zwei Säulen von achtzehn Ellen Höhe. Das Kapitell auf ihnen maß fünf Ellen. … Die Säulen stellte er vor dem Tempel auf, die eine auf der rechten, die andere auf der linken Seite.« (2 Chr 3,15.17)*

Die Aufstellung dieser Säulen ist jedoch nicht nur eine fromme Erinnerung an den Tempel in Jerusalem, den auch Jesus oft besuchte und wo er betete.[30]

Die Säulen des Jerusalemer Tempels

Diese Säulen sprechen eine eindeutige Sprache, die wir als Christinnen und Christen niemals vergessen dürfen: Es gäbe den Dom nicht ohne den Tempel in Jerusalem. Der Tempel in Jerusalem ist der Ort, wo Gott seinen Bund mit Abraham erneuerte. Es ist der Ort, wo die Bundestafeln aufbewahrt wurden, die »Sakrament« für Gottes Gegenwart waren. Als sie nach dem Babylonischen Exil verloren gegangen waren, war es schließlich der einfache leere Raum des Allerheiligsten, wo der Mantelsaum Gottes die Erde berührt und seine Gegenwart geglaubt wurde.

Der Tempel steht für Gottes Bund mit seinem Volk. Schneidet man aber den Gedanken vom Bund Gottes mit den Menschen aus der Bibel heraus, dann ist das die Zerstörung des Fundamentes des christlichen und jüdischen Glaubens! Zweifellos hat Israel im Verlauf der Geschichte Gottes Bund immer wieder aufs Spiel gesetzt. Aber die Heilige Schrift erzählt, wie Gott diesen Bund immer wieder neu gesucht und versprochen hat. Bis heute ist er nicht gekündigt. Jesus hat sich diesem Bundesverständnis zwischen Gott und seinem Volk verpflichtet gefühlt. Er hat mit seiner Verkündigung für diesen Bund Gottes neu werben wollen. Die zwölf Apostel sind darum Ausdruck für einen erneuerten Bund in der Nachfolge der zwölf Stämme Israels. Ganz bewusst bleibt Jesus im alten Bild des Bundes, um Gottes Neuanfang in ihm verständlich zu machen. Darum haben sich die ersten Christen als Juden verstanden. Sie waren der Überzeugung, dass in Christus der alte Bund Gottes mit seinem Volk eine Erneuerung, nicht aber eine Ablösung erfahren hatte.

Darum greift Paulus später dieses Bild auf und erinnert daran, dass Christus das »Schlupfloch« für die Heiden ist, um zu diesem Bund Gottes mit Israel hinzuzutreten.

> »*Erinnert euch also, dass ihr früher von Geburt Heiden wart und von denen, die äußerlich beschnitten sind, Unbeschnittene genannt wurdet. Zu jener Zeit wart ihr von Christus getrennt, der Gemeinde Israels fremd und von dem Bund der Verheißung ausgeschlossen; ihr hattet keine Hoffnung und lebtet ohne Gott in der Welt. Jetzt aber seid ihr, die ihr einst in der Ferne wart, in Christus Jesus, nämlich durch sein Blut, in die Nähe gekommen. Denn er ist unser Friede. Er vereinigte die beiden Teile und riss die trennende Wand der Feindschaft in seinem Fleisch nieder. Er hob das Gesetz mit seinen Geboten und Forderungen auf, um die zwei in sich zu einem neuen Menschen zu machen. Er stiftete Frieden und versöhnte die beiden durch das Kreuz mit Gott in einem einzigen Leib. Er hat in seiner Person die Feindschaft getötet.«* (Eph 2,11–15)

Die beiden Säulen des Salomontempels sollen daran immer wieder erinnern: Wir sind die Hinzugetretenen. Durch Jesus Christus gehören wir zu dem Bund Gottes, den Gott mit Abraham begonnen und den er auf so vielfache Weise immer wieder erneuert hat, zuletzt und auf unüberbietbare Weise für uns in Jesus Christus.

Das Konzilsdokument des Zweiten Vatikanischen Konzils »Nostra aetate« fasst die Gedanken so zusammen:

> 》*Deshalb kann die Kirche auch nicht vergessen, dass sie durch jenes Volk, mit dem Gott aus unsagbarem Erbarmen den Alten Bund geschlossen hat, die Offenbarung des Alten Testamentes empfing und genährt wird von der Wurzel des guten Ölbaums, in den die Heiden als wilde Schösslinge eingepfropft sind. Denn die Kirche glaubt, dass Christus, unser Friede, Juden und Heiden durch das Kreuz versöhnt und beide in sich vereinigt hat.«*[31]

Wie anders wäre das Verhältnis zwischen Juden und Christen in der Geschichte verlaufen, hätten wir in dieser Einstellung zu unseren jüdischen Schwestern und Brüdern gelebt. Die beiden Nischensäulen erinnern uns still und mahnend zugleich.

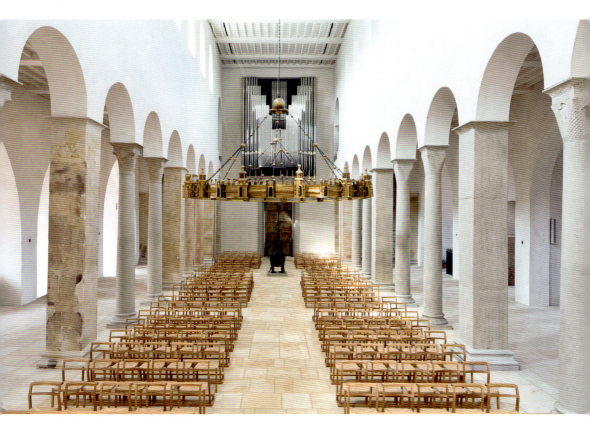

Der Dom innen nach der Sanierung

DAS TAUFBECKEN – BERUFUNG ZUM LEBEN

Am 23. Januar 1945 schreibt der Jesuitenpater Alfred Delp folgende Zeilen kurz vor seiner Hinrichtung durch die Nazis:

> *Lieber Alfred Sebastian, es ist viel, was ein Mensch in seinem Leben leisten muss. Fleisch und Blut allein schaffen es nicht. Wenn ich jetzt in München wäre, würde ich Dich in diesen Tagen taufen, das heißt: ich würde Dich teilhaft machen der göttlichen Würde, zu der wir berufen sind. Die Liebe Gottes, einmal in uns, adelt und wandelt uns. Wir sind von da an mehr als Menschen, die Kraft Gottes steht uns zur Verfügung, Gott selbst lebt unser Leben mit, das soll so bleiben und immer mehr werden, Kind. Daran hängt es auch, ob ein Mensch einen endgültigen Wert hat oder nicht. Und er wird ein wertvoller Mensch werden.*
>
> *Ich lebe hier auf einem sehr hohen Berg, lieber Alfred Sebastian. Was man so Leben nennt, das ist weit unten, in verschwommener und verworrener Schwärze. Hier oben treffen sich die menschliche und göttliche Einsamkeit zu ernster Zwiesprache. Man muss helle Augen haben, sonst hält man das Licht hier nicht aus. Man muss schwindelfrei sein, der einsamen, schmalen Höhe fähig, sonst stürzt man ab und wird ein Opfer der Kleinheit und Tücke.*
>
> *Das sind meine Wünsche für Dein Leben: helle Augen, gute Lungen und die Fähigkeit, die freie Höhe zu gewinnen und auszuhalten. Das wünsche ich nicht nur Deinem Körper und Deinen äußeren Entwicklungen und Schicksalen, das wünsche ich viel mehr Deinem innersten Selbst, dass Du Dein Leben mit Gott lebst als Mensch in der Anbetung, in der Liebe, im freien Dienst.*
>
> *Es segne und führe Dich der allmächtige Gott, der Vater, der Sohn und der Heilige Geist.*
>
> *Dein Patenonkel Alfred Delp*

Das habe ich mit gefesselten Händen geschrieben; diese gefesselten Hände vermach‹ ich Dir nicht, aber die Freiheit, die die Fesseln trägt und in ihnen sich selbst treu bleibt, die sei Dir schöner und zarter und geborgener geschenkt.«[32]

Es ist einer der mich am meisten bewegenden Briefe, die ich kenne. Alfred Delp schreibt mit gefesselten Händen, was ihm Taufe bedeutet. Er gibt gleichzeitig mit diesem Brief ein intensives Zeugnis, wie jemand selbst in absoluter Bedrängnis die Taufe leben kann. Die Taufe ist ein sakramentales Zeichen, dass Gott der Geber des Lebens ist und der Geber des Lebens bleibt. Selbst in der Stunde des Todes wird er dieses Leben nicht mehr verloren gehen lassen. Diese Zusage schenkt dem Leben eine »Höhe« und zugleich einen »Halt«, der vor dem Absturz bewahrt. Taufe bedeutet mit Gott so in Berührung zu kommen, dass seine Würde sich in unserem Herzen verankert. Wir werden dadurch zu einem Dienst der Anbetung und Liebe befähigt. Diese Liebe kann niemand rauben, und sie selbst gilt dann noch, wenn, wie bei Alfred Delp, die Hände gefesselt sind.

Das Taufbecken unseres Domes, mit der großartigen handwerklichen Arbeit, der künstlerisch filigranen Ausgestaltung, aber besonders durch seine theologische einmalige Tiefendimension, ist eines der schönsten seiner Zeit. Es gibt Zeugnis davon, wie sehr uns durch Gottes zugesagte Annahme in der Taufe das »blühende Leben« (siehe die Knospe auf dem Deckel) verheißen ist.

FESTE FÜSSE

In der Zeit von 1226 bis 1230 stiftete Dompropst Wilbrand von Oldenburg-Wildeshausen das prachtvolle, aus Messing gegossene Taufbecken der Hildesheimer Bischofskirche.[33]

» *Das mit der lateinischen Namensform Wilbernus bezeichnete Stifterbild zu Füßen der Gottesmutter auf dem Taufbecken selbst zeigt ihn als Bischof mit Alba und Dalmatika unter dem Priestergewand, sodass das Taufbecken erst nach seiner Erhebung zum Bischof von Paderborn (1226) entstanden sein kann.«*[34]

Bis 1653 stand das Taufbecken im westlichen Drittel des Domes, wohin es nach nunmehr 350 Jahren wieder zurückgekehrt ist. In den Jahren dazwischen war es in der nordwestlichen Seitenkapelle aufgestellt.

Das Taufbecken steht auf festen Füßen. Vier Trägerpersonen bilden eine Basis für das darüber liegende eigentliche Taufbecken. Diese knienden Träger, die Wasser aus ihren Kannen gießen, personifizieren die vier Paradiesflüsse. Sie rufen ins Bewusstsein: Wasser ist Leben und alles Leben kommt aus dem Wasser. Die Paradiesflüsse stehen in Verbindung mit den darüberliegenden Medaillons, die die vier Kardinaltugenden bezeichnen: Euphrat – Gerechtigkeit; Tigris – Tapferkeit; Phison – Klugheit und Geon – Maß.

Diesen Tugenden wiederum sind die vier großen Propheten (Jesaja, Ezechiel, Daniel und Jeremia) zugeordnet und darüber befinden sich die vier Symbole der Evangelisten.

Die intensive Symbolik erklärt eine Inschrift auf dem oberen Kesselrand: »Die vier Paradiesflüsse bewässern die Welt, und ebenso viele Tugenden benetzen das Herz, das rein ist von Sünde. Was der Mund der Propheten vorausgesagt hatte, das haben die Evangelisten als gültig verkündet.«

Paradiesfluss Geon

ICH WAR EIN SKLAVE IN ÄGYPTEN… – BIBLISCHE TAUFGESCHICHTEN

Elie Wiesel erzählt einmal diese rabbinische Geschichte:

> *Als Rabbi Baruch älter wurde, wurde er ruhelos und launisch. Er kam sich überall fremd vor, selbst in seinem eigenen Haus. Entwurzelt und entfremdet, fühlte er sich in seinem Herrschaftsanspruch bedroht. Seine fixe Idee war: Alle Menschen sind Fremde in der Welt. Und auch Gott ist im Exil. Er wohnt als Fremder in seiner eigenen Schöpfung. Eines Tages sagte Reb Baruch zu seinen Schülern: »Stellt euch einen Menschen vor, den man aus seiner Heimat vertrieben hat. Er kommt an einen Ort, wo er keine Freunde hat, keine Verwandten. Sitten und Sprache des Landes sind ihm nicht vertraut. Natürlich fühlt er sich allein, schrecklich allein. Plötzlich sieht er einen anderen Fremden, der auch niemanden kennt, an den er sich wenden könnte, der auch nicht weiß, wohin er gehen könnte. Die beiden Fremden treffen sich und lernen sich kennen. Sie unterhalten sich und gehen eine Zeitlang den Weg gemeinsam. Mit ein wenig Glück könnten sie sogar gute Freunde werden.*
>
> *Das ist die Wahrheit über Gott und den Menschen: Zwei Fremde, die versuchen, Freundschaft zu schließen.«*[35]

Es gibt ein Licht, das sich durch die ganze Bibel hindurchzieht. Das ist das Licht des Bundes. Gott stiftet Freundschaft zwischen sich und den Menschen. Und Gott hört nicht auf, um diese Freundschaft immer wieder und unaufhörlich zu werben.

Solche zentralen »Bundesgeschichten« prägen den unteren Mantel unseres Taufbeckens.

Dazu zählt die Geschichte der Befreiung des Volkes Israels aus der Gefangenschaft Ägyptens. Sie ist die Schlüsselerfahrung Israels für das Verständnis eines Gottes, der das »Elend seines Volkes sieht« (Ex 3, 7).

Gott ist ein Sehender. Weil Gott nicht einfach wegschaut, lässt er sich vom Schicksal, von der Sklaverei seines Volkes zum Betroffenen machen. Nur noch selten wird so in der Heiligen Schrift von den Gefühlen Gottes erzählt – wie in dieser Ursprungsgeschichte des Volkes Israels, das sich in der Unterjochung durch Ägypten wie ein Wurm fühlt. »Das ist der Grund, warum sich Gott unter uns Menschen einen herausgreift. Er hält es nicht mehr aus mit anzusehen, wie es seinen Kindern in dieser Welt geht!«[36]

> *»Ich bin herabgestiegen, um sie der Hand der Ägypter zu entreißen und aus jenem Land hinaufzuführen in ein schönes, weites*

Der Durchzug durch das Rote Meer

Land, in ein Land, in dem Milch und Honig fließen, in das Gebiet der Kanaaniter, Hetiter, Amoriter, Perisiter, Hiwiter und Jebusiter.«
(Ex 3,7–8)

Gott steigt zur Erde hinab. Gott bleibt nicht in der Unberührbarkeit des Himmels. Gott kann sich nicht zurückhalten, wenn er sieht, unter welchen erbärmlichen Zuständen sein Volk in der Fremde darben muss. Diese zum Himmel schreiende Ungerechtigkeit bewegt Gott, sich zu zeigen. Gott erbarmt sich der mit Füßen getretenen Menschen aus der Unerreichbarkeit einer jenseitigen Welt. Das Verstummen des Volkes vor Schmerz und Leid lässt Gott selbst nicht verstummen. Er sagt seinen Namen:

»*Ich bin der Ich-bin-da!« (Ex 3,14)*

Wir sagen schnell, dass Jesus im Unterschied zum Alten Testament von Gott als Vater gesprochen hat. Das ist ungenau. Hier bei der Offenbarung des Gottesnamens offenbart sich Gott bereits wie ein sorgender Vater, wie eine liebende Mutter. »Ich bin da!«, das ist der Satz, der zum Vater- und Muttersein gehört. Dann, wenn die Kinder weinen, wenn ihnen Unrecht geschieht; dann, wenn sie krank sind und Schmerzen haben: was kann es dann mehr geben, als dass da jemand ist, der sagt: »Ich bin da! Ich laufe nicht weg! Ich sehe deine Leiden, ich habe deine Schmerzen, deinen Kummer im Blick! Ich schaue nicht weg, sondern ich steh dir zur Seite, komme, was da wolle.«

Nicht Mose wird das Volk befreien. Gott selbst ist es, der sein Volk aus der Gefangenschaft heraushholt. Der Name Gottes beschreibt sein Wesen: »Ich bin da!«

Darum hat Mose auf dem Bild unseres Taufbeckens die Bundestafeln in der Hand. Sie erklären, warum er das Wasser spalten kann und so das Volk trockenen Fußes durch das Rote Meer führt. Nicht er ist der Grund dieser Befreiung. Er ist nur Stellvertreter für den Gott, der seinen Bund mit seinem Volk Israel nicht vergisst und darum alles tut, damit dieses Volk in diesen Bund zurückfinden kann.

Darum beten wir in der Osternacht nach dieser alttestamentlichen Lesung:

> »*Was einst dein mächtiger Arm an einem Volk getan hat, das tust du jetzt an allen Völkern: Einst hast du Israel aus der Knechtschaft des Pharao befreit und durch die Fluten des Roten Meeres geführt; nun aber führst du alle Völker durch das Wasser der Taufe zur Freiheit. Gib, dass alle Menschen Kinder Abrahams werden und zur Würde des auserwählten Volkes gelangen.«*[37]

Gott führt sein Volk aus der Gefangenschaft in die Freiheit. Sein Bund mit seinem Volk kann und darf nicht untergehen. An diesem Bund haben nun alle Anteil, die im Wasser der Taufe zu diesem Gott gehören, der zum Leben befreien will und in die Freundschaft ruft.

DIE KIRCHE, DIE ÜBER DEN JORDAN GEHT

Die Taufe ist hineingenommen in den Bund, den Gott mit seinem Volk geschlossen hat. Um diesen Bund zu verstehen, ist es wichtig, die Anfangsgeschichten der Heiligen Schrift in Erinnerung zu rufen. Genau das zeigt das mittelalterliche Taufbecken.

Alles, was uns die Heilige Schrift in den Anfangsgeschichten über Gott und sein Volk erzählt, zielt darauf ab, dass Mensch und Gott zu einer lebendigen Freundschaft finden. Gott führt sein Volk aus der Knechtschaft, damit er mit diesem Volk seinen Bund begründen kann. Die Voraussetzung dafür ist seine zuvorkommende Art. Gott handelt immer zuerst. Und er handelt immer wieder aufs Neue. Er ist ein Gott mit einem langem Atem, Gott hat Geduld, weil er für sein Volk voller Leidenschaft ist. Denn »Geduld ist der lange Atem der Leidenschaft!« (Eberhard Jüngel)

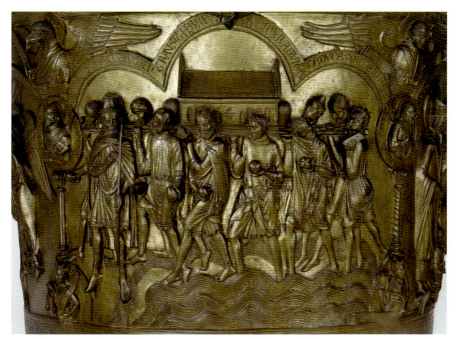

Die Überschreitung des Jordans

Dieser Bund Gottes mit dem Volk Israel zielt aber nicht nur auf die einmalige Befreiung vom Frondienst als ein geschichtlich zurückliegendes Faktum. Bei Gott geht es nicht nur um eine Befreiung »von etwas«, sondern stets um eine Befreiung »in etwas hinein«. Gottes Befreiung des Volkes Israel aus Ägypten hat ein Ziel. Israel soll zu einem Volk werden, in dem es anders zugeht als bei den Ägyptern. Israel soll zu einer »anti-ägyptischen Gesellschaft« werden. Israel soll zu einem neuen Miteinander finden. Dieses neue Miteinander kann es nur finden, indem es hörend bleibt. Gott hat seinen Namen mitgeteilt. Er hat sich als ein Gott der Befreiung erwiesen und dann seinem Volk seinen Willen für ein neues gesellschaftliches Miteinander mitgeteilt, indem er Mose die Gesetzestafeln am Sinai übergab.

Diese Bundeslade mit den beiden Gesetzestafeln, zu sehen wie ein Schrein, ist darum die Mitte der zwölf Stämme – dargestellt in zwölf Personen, die die Lade tragen –, die auf unserem Taufbecken über den Jordan in das gelobte Land unter der Führung von Josua einziehen. Nur mit diesen »Weisungen«[38] Gottes in der Mitte des gesellschaftlichen Lebens wird Israel zu einer Weisheit finden, die ein neues, menschenwürdiges Leben im gelobten Land unter dem Bund Gottes möglich macht. Josua wird als Führungsperson erkenntlich dargestellt. Allerdings ist in seiner Ausdrucksform sofort zu erkennen: er ist ein anderer als Mose. Er gehört mehr in die Mitte des Volkes. Er hat nicht die Größe wie der große Prophet. Durch die Steine in den

Händen, die die Israeliten nach der Überquerung des Jordan aufeinanderschichten, wird erkenntlich, das JAHWE der Handelnde ist. Die Steine sollen über Generationen den Söhnen und Töchtern Israels in Erinnerung rufen: Hier war der HERR am Werk. Gott hat wie am Roten Meer so auch am Jordan seine zwölf Stämme trockenen Fußes ins gelobte Land geführt.[39]

Taufe ist persönliche Teilhabe am Bund Gottes. Taufe ist aber auch Hineingenommenwerden in das Volk, das anders leben will. Gottes Gebote bedeuten nicht Knechtschaft, sondern sie helfen, die durch Gott gewonnene Freiheit zu wahren. Sie bewahren »Werte«, die das Leben »wertvoll« bleiben lassen. Die Bundestafeln, die in der Lade aufgehoben wurden, sind somit keine Last; sie sind die Gewähr dafür, dass im Land jenseits des Jordan »Milch und Honig« fließen. Getauft zu sein bedeutet, sich für diese »alternative« Gesellschaft einzusetzen. Das ist eine lebenslange Aufgabe. Darum sagt der Kirchenvater Tertulian:

> » *Christ ist man nicht von Geburt an, Christ wird man (ein Leben lang).*«

Unser Taufbecken in Hildesheim erinnert daran.

DAS IST MEIN GELIEBTER SOHN.

Natürlich darf die Taufe Jesu auf einem Taufbecken nicht fehlen. Jesus steht im Wasser des Jordan. Die Fluten des Jordan sind wie ein Berg dargestellt, auf den Jesus »hinaufsteigt«, wodurch angezeigt ist, dass er im Vergleich zu Johannes der Größere ist. Jesus scheint in tiefer Andacht versunken. Er lässt geschehen. Er lässt geschehen, dass Johannes seine Hand auf ihn legt. So, wie ein Bischof seine Hand bei der Firmung einem Firmbewerber oder einer Firmbewerberin auf den Kopf legt als Zeichen, dass die Gabe des Heiligen Geistes Schutz und Geborgenheit schenkt.

Gleichzeitig lässt Jesus geschehen, dass die Taube aus dem Himmel herabsteigt und in seinen Nimbus eintaucht. Gott Vater thront über allem und ist dargestellt als die Ursache von allem.

Auf einem Band wird die Szene gedeutet: »Dieser ist mein geliebter Sohn.« Und dann auf dem zweiten Band: »Hier wird Christus getauft, wodurch die Taufe geheiligt wird, die im Geist die Salbung spendet.«

Zwei schwebende Engel, die die Tücher zum Trocknen halten, machen deutlich, dass der Himmel offen ist. Hier wird nicht die geschichtliche Umkehrtaufe des Johannes dargestellt, an der Jesus teilnimmt. Hier wird vielmehr die Offenbarung des Himmels in Szene gesetzt: Jesus ist der von Gott Gesandte.

Die Taufe Jesu

In diesem Offenbarungsgeschehen sind damit drei beteiligt: Gott, der Vater ist zugegen und wird als Stimme hörbar; der Sohn, der als das Wort gilt, und der Heilige Geist, der wie eine Taube über Jesus flattert.

Da kommen Erinnerungen hoch. Die Szene auf dem Taufbecken führt uns zurück an die Anfangserzählung der Bibel. Sie erinnert den Betrachtenden an den Schöpfungsbericht: Gott ist gegenwärtig, sein Geist schwebt über den Wassern, und er stellt den Menschen durch sein Wort in einen geordneten Kosmos.

Die Tauferzählung ist somit eine Schöpfungserzählung. So wie die Erschaffung der Welt bereits ein Projekt des dreieinigen Gottes war, so ist auch ihre Erlösung, ihre Errettung und Erneuerung ein Projekt des dreieinigen Gottes.

Paulus wird dies in seinem Zweiten Brief an die Korinther klar benennen:

> »*Wenn also jemand in Christus ist, dann ist er eine neue Schöpfung: Das Alte ist vergangen, Neues ist geworden.*« (2 Kor 5,17)

Was heißt in Christus sein? Was heißt zu Christus gehören? Was vergeht und was wird neu, wenn ich in Christus, also getauft bin?

Wenn zwei Menschen sich lieben und sich entschließen, ihren Lebensweg gemeinsam zu gehen, dann gibt es in der Regel einen Ort, wo sie ausdrücklich »Ja« zueinander sagen. Dieses Ja kommt aus der Tiefe, aus dem Herzen, und dieses »Ja« hat seinen Ursprung in einer Liebe, die, wenn sie ehrlich ist, keine Ansprüche und Bedingungen kennt.

Das »Ja« der Liebe ist ein »Ja« ohne Wenn und Aber. Um ein solches »Ja« geht es Paulus, wenn er von seiner Beziehung zu Christus spricht. Wer dieses »Ja« der Liebe in der Freundschaft zu Christus spricht, der ist eine neue Schöpfung.

In welcher Weise wird dies deutlich? Wer in diesem »Ja« zu Christus lebt, entdeckt:

> *Ich bin gewollt. Ich habe einen Auftrag. Ich bin angenommen, bin geliebt. Josef Pieper hat in seinem Buch über die Liebe aufgezeigt, dass der Mensch sich selbst nur annehmen kann, wenn er von einem anderen angenommen ist.«[40]*

Es braucht das Dasein des anderen, der mir nicht nur mit Worten sagt: Es ist gut, dass du bist. Nur vom Du her kann das Ich zu sich selbst kommen. Nur wenn ich angenommen bin, kann ich mich annehmen.

> *Wer nicht geliebt wird, kann sich auch nicht selbst lieben. Dieses Angenommenwerden kommt zunächst vom anderen Menschen her.«[41]*

Zuallererst von den eigenen Eltern, den Freunden, dem Partner, den Kindern.

> *Aber alles menschliche Annehmen ist zerbrechlich.«[42]*

Wer wüsste das nicht!

> *Letztlich brauchen wir ein unbedingtes Angenommensein. Nur wenn Gott mich annimmt und ich dessen gewiss werde, weiß ich endgültig: Es ist gut, dass ich bin. Es ist gut, ein Mensch zu sein.«[43]*

Das ist das Neue, wenn ich in Christus bin: In ihm erlebe ich die Zusage, dass ich von Gott angenommen bin. Und zwar absolut! Unkündbar! Wir können sogar sagen: Immer und ewig.

Der evangelische Theologe Jürgen Moltmann schreibt einmal:

»Es ist alles umsonst«,
sagt der Nihilist und verzweifelt.
»Es ist wirklich alles umsonst«,
sagt der Glaubende
und freut sich der Gnade,
die es umsonst gibt, und hofft auf eine neue Welt,
in der alles umsonst
zu geben und zu haben ist.[44]

WER GLAUBT KNIET

Das vierte Bild des Beckenmantels fällt aus dem Rahmen. Es zeigt keine biblische Szene. Maria sitzt mit dem Jesuskind auf ihrem Schoß auf einem Thron. Das Kind wendet sich der Mutter zärtlich zu und berührt mit der rechten Hand streichelnd das Kinn der Gottesmutter.

Rechts und links von ihr die Dompatrone Godehard und Epiphanius. Davor kniend ein kleiner Mann, die Hände betend erhoben. Das Spruchband deutet an, dass er das »Ave Maria« spricht.

Der zu diesem Bild gehörende Text heißt: »Hoffend auf Gnade, Mariae zum Lob, weiht Wilbern dem Dome dieses Geschenk. O nimm, Christus, es in Güte auf.«

Die bisherigen Bilder hatten im Rückgriff auf biblische Geschichten der Zwei-Eine-Bibel in Erinnerung gerufen, was das Wesen der Taufe ausmacht. Auch wenn in dem Stifterbild zunächst keine biblische Szene abgebildet wird, so ruft das Bild doch einen weiteren wichtigen inhaltlichen Aspekt der Taufe dem Betrachter in Erinnerung: Die Berufung zur Freiheit der Kinder Gottes durch die Erwählung Gottes, das Hineingenommensein in das neue Volk, das nach den Weisungen Gottes lebt, und die Zusage der Verheißung, nun in der Taufe »neue Schöpfung« zu sein, die das Geschenk der Unsterblichkeit in sich trägt: All diese durch Gott in der Taufe gewährten Gaben bedürfen des »Ja« durch den, der diese Taufgnaden empfängt.

Dieses »Ja« beginnt mit dem Staunen über Gottes so umfängliches »Ja« zu uns, das er zum ersten Mal in so eindeutiger Weise in der Verkündigung an Maria hat deutlich werden lassen.

In einem Brief der französischen Philosophin Simone Weil an ihren Dominikanerfreund Jean Marie Perrin teilt sie ihm eine überraschende Begebenheit von ihrer Italienreise mit. Simone Weil war 1938 in Assisi gewesen. Als Ungläubige lässt sie sich tief von der franziskanischen Spiritualität berühren:

Das Stifterbild

> »Als ich dort in der kleinen romanischen Kapelle aus dem zwölften Jahrhundert von Santa Maria degli Angeli, diesem unvergleichlichen Wunder an Reinheit, wo der heilige Franziskus so oft gebetet hat, allein war, zwang mich etwas, das stärker war als ich selbst, mich zum ersten Mal in meinem Leben auf die Knie zu werfen.«[45]

Wer sich seiner Taufe bewusst wird, weiß sich hineingenommen in die Gemeinschaft des Himmels. Er ist sich seiner Berufung durch Gott bewusst und weiß um die (Königs-)Würde[46], die uns geschenkt wird. Durch die Taufe wissen wir uns hineingezogen in eine Zugehörigkeit zu Gott, in seinen neuen Bund, in die Freundschaft mit Jesus Christus, die ewiges Heil verheißt. Wer sich dieses »unvergleichlichen Wunders an Reinheit« bewusst wird, der kann nur kniend mit seinem kleinen »Ja« auf das große »Ja« Gottes antworten.

DIE ERINNERUNG VERKÜRZT DIE DISTANZEN

Die Symbolik des Taufbeckens lässt noch eine andere Dimension des Taufverständnisses aufleuchten, die wir erschließen können, wenn wir uns dafür ein jüdischchristliches Denken zu eigen machen, das uns weitgehend verloren gegangen ist. In einer Rede des Israelischen Staatspräsidenten Ezer Weizmann vor dem Bundestag 1996 habe ich diese wichtige Tiefendimension des geschichtlich-theologischen Verständnisses in seinen wunderbaren Worten wiedergefunden:

> *》 Die Erinnerung verkürzt die Distanzen. 200 Generationen sind seit den historischen Anfängen meines Volkes vergangen, und sie erscheinen mir wie wenige Tage. Erst 200 Generationen sind vergangen, seit ein Mensch namens Abraham aufstand, um sein Land und seine Heimat zu verlassen und in ein Land zu ziehen, das heute mein Land ist. Erst 200 Generationen sind seit dem Zeitpunkt vergangen, als Abraham die Machpela Höhle in der Stadt Hebron kaufte, bis zu den schweren Konflikten, die sich dort in meiner Generation abspielen.*
>
> *Erst 150 Generationen sind seit der Feuersäule des Auszugs aus Ägypten bis zu den Rauchsäulen der Shoah vergangen. Und ich, geboren aus den Nachkommen Abrahams im Land Abrahams, war überall mit dabei.*
>
> *Ich war ein Sklave in Ägypten und empfing die Thora am Berg Sinai, und zusammen mit Jeoshua und Elijahu überschritt ich den Jordan. Mit König David zog ich in Jerusalem ein, und mit Zedekiah wurde ich von dort ins Exil geführt. Ich habe Jerushalayim an den Wassern von Babylon nicht vergessen, und als der Herr uns nach Zion heimführte, war ich unter den Trauernden, die Jerushalayims Mauern errichteten.*
>
> *Ich habe gegen die Römer gekämpft und bin aus Spanien vertrieben worden. Ich wurde auf den Scheiterhaufen in Magenza, in Mainz, geschleppt und habe die Thora im Jemen studiert. Ich habe meine Familie in Kischinev verloren und bin in Treblinka verbrannt worden. Ich habe im Aufstand des Warschauer Ghettos gekämpft und bin nach Eretz Israel gegangen, in mein Land, in dem ich geboren wurde, aus dem ich komme und in das ich zurückkehren werde.*
>
> *Flüchtig bin ich, wenn ich den Spuren meiner Väter folge. Wie ich sie dort und in jenen Tagen begleite, so begleiten mich meine Väter und stehen hier und heute neben mir. Eine Gefolgschaft von Propheten und Bauern, Königen und Rabbinern, Wissenschaftlern und Soldaten, Handwerkern und Schülern. Manche starben wohl nach einem langen erfüllten Leben in ihrem Bett, und manche fielen dem Schwert und Feuer zum Opfer.*

Wie von uns verlangt wird, durch die Kraft der Erinnerung an jedem Tag und jedem Ereignis unserer Vergangenheit teilzunehmen, so wird auch von uns verlangt, uns durch die Kraft der Hoffnung auf jeden Tag unserer Zukunft vorzubereiten. Erst im letzten Jahrhundert schwankten wir zwischen Tod und Leben, zwischen Verzweiflung und Hoffnung, zwischen Entwurzelung und Einpflanzung.

…

Wir sind ein Volk der Erinnerung und des Gebets. Wir sind ein Volk der Worte und der Hoffnung. Wir haben keine Reiche geschaffen, keine Schlösser und Paläste gebaut. Nur Worte haben wir aneinandergefügt. Wir haben Schichten von Ideen aufeinandergelegt, Häuser und Erinnerungen errichtet und Türme der Sehnsucht geträumt.«

MÖGE JERUSHALAYIM WIEDER ERBAUT WERDEN,
MÖGE FRIEDEN SCHNELL ZU UNSEREN ZEITEN GESTIFTET
UND BEREITET WERDEN – AMEN![47]

Wir sprechen bei der Taufe in allen christlichen Kirchen von einem Sakrament. Sakrament meint: Unter einem Zeichen ist Gott ganz gegenwärtig und handelt. Zuverlässig und ein für alle Mal. Wenn Gott gegenwärtig ist unter dem Zeichen des Wassers, dann ist er gegenwärtig mit seiner Ewigkeit, in der Vergangenheit und Gegenwart eingebettet sind. Durch die Gegenwart Gottes im Sakrament sind die Heilsereignisse somit nicht mehr Vergangenheit, sondern hier und jetzt in der Taufe gegenwärtig. Die Befreiung Israels aus der Gefangenschaft der Ägypter ist jetzt und geschieht jetzt in der Taufe. Die Überquerung des Jordan mit der Bundeslade und die Begründung einer neuen »antiägyptischen Gesellschaft« sind nicht Vergangenheit, sondern hier und jetzt in der Taufe Wirklichkeit. Die Taufe Jesu am Jordan ist nicht Vergangenheit, sondern die zu Taufende oder der zu Taufende steht in der Feier der Taufe hier und jetzt am Jordan und Gottes Stimme gilt auch ihm oder ihr: »Du bist mein geliebter Sohn!«, »Du bist meine geliebte Tochter!«. Und das Hineingenommen werden in die zukünftige Gemeinschaft des Himmels ist nicht in weiter Ferne, sondern die Gottesmutter, die Heiligen Epiphanius und Godehard, ja die Gemeinschaft des Himmels – sie alle stehen in der Taufe neben uns, und wir dürfen in die Knie gehen, um den anzubeten, der uns zur Freiheit der Kinder Gottes in der Taufe berufen hat.

Für Israel waren die begangenen Feste nicht nur pathetische Erinnerung vergangener biblischer Ereignisse, sondern Teilhabe (Anamnesis) am Vergangenen, das gegenwärtig ist. Als Christen berühren wir dieses Verständnis mit unserer Feier der Sakramente, in der die Geschichte Gottes mit uns Menschen gegenwärtig wird und Gott konkret an uns im hier und heute handelt. In dieser sakramental vermittelten Gegenwart des mit uns kommunizierenden Herrn gilt,

> *dass das vergangene Ereignis weder in der Vergangenheit verbleibt, noch als das vergangene in der Gegenwart erscheint, sondern gleichsam mit den feiernden Israeliten kommuniziert. »Erinnerung« ist in Israel viel mehr als das Aufblättern eines Geschichtsbuches oder die Beschwörung der eigenen Identität. Anamnesis ist in Israel – und dann auch innerhalb des Christentums – die je einmalige Übersetzung der Taten des Bundesgottes in das je eigene Handeln, Planen, Denken und Leiden.«[48]*

Es berührt mich, wie wir durch das Bildprogramm des Taufbeckens daran erinnert werden, dass wir durch unsere Taufe hineingenommen sind in Vergangenheit, Gegenwart und Zukunft der Heilsgeschichte Gottes. Es ist das große Geschenk Gottes an uns, durch die Taufe hineingestellt zu werden in seinen Bund, der unter der Verheißung steht, niemals gekündigt zu werden.

Mit dieser Verheißung den Alltag zu gestalten, das Reich Gottes erfahrbar werden zu lassen, dazu lädt uns das Bildprogramm auf dem Deckel des Taufbeckens ein. Davon reden die nächsten Kapitel.

DER DECKEL DES TAUFBECKENS – DIE FRÜCHTE DER TAUFE

Taufe ist Gottes Ja zu uns. Taufe ist Hinein-genommen-werden in den Bund, den Gott mit seinem Volk geschlossen hat. Taufe ist zu Jesus Christus gehören. Taufe ist Teilhabe an seinem Reich. Taufe ist gestorben sein für die Sünde und berufen zu einem neuen Leben. Taufe ist ein neues »Sein«, eine neue Wirklichkeit in der Gemeinschaft mit Gott und in der Gemeinschaft mit denen, die zu Gott gehören. Paulus sagt: Durch die Taufe gehören wir Christus an. Und gehören wir Christus an, sind wir eine neue Schöpfung.

> »*Wenn also jemand in Christus ist, dann ist er eine neue Schöpfung: Das Alte ist vergangen, siehe, Neues ist geworden.« (2 Kor 5,17)*

Das Merkmal des Getauften ist, ein neuer Mensch zu sein. Wer sich durch die Taufe in die Nachfolge Jesu gerufen weiß, berührt die Barmherzigkeit Gottes, die einen immer neuen Anfang schenkt. Nicht nur einmal, sondern immer wieder dürfen wir uns in der Erinnerung an unsere Taufe wie neu geboren fühlen, weil Gott nicht aufhört, uns immer wieder neu anfangen zu lassen. Daran erinnert der emeritierte Limburger Bischof Franz Kamphaus:

> »*Wie neu-geboren! Wie deuten wir solche Erfahrungen, wie verarbeiten wir sie? Wes Geistes Kind sind wir, wenn wir wie neugeboren sind? Am Anfang des Christenlebens steht die Taufe aus dem Wasser und dem Heiligen Geist. Der Geist Jesu eröffnet uns einen neuen, ungeahnten Lebensraum, er eröffnet uns Gott. Er ist der Schlüssel für unsere Erfahrungen, das Ziel unserer Sehnsüchte. Kann man merken, wes Geistes Kind wir sind? Wenn wir selbst entdecken, dass die Taufe uns eine einzigartige Chance schenkt, wie neu-geboren zu leben, wird dieses Tor der Taufe für andere wieder auffindbar und lädt zum Eintreten ein.«[49]*

Was das heißt, »neu geboren zu leben«, erschließt uns das Bildprogramm des Taufdeckels. In vier Feldern werden vier biblische Szenen dargestellt: Der blühende Stab des Aarons; die Barmherzigkeit; die reuige Sünderin Maria Magdalena; der Kindermord in Betlehem.

Die vier Bilder erinnern daran: Der Geist Jesu, der uns in der Taufe zugesagt wird, will einen ungeahnten Lebensraum erschließen. Dieser Lebensraum ist geprägt durch Haltungen, die in den Kardinaltugenden grundgelegt sind, die dann aber in der Nachfolge noch einmal eine neue Ausrichtung erfahren, weil sie mit der Hilfe und dem Zuspruch dessen rechnen, der als der Christus uns in der Taufe zu einer neuen Schöpfung werden lässt.

DER STAB DES AARONS – ALLEIN AUS DER GNADE WIRKEN

Über dem Bild der Muttergottes mit dem betenden Stifter auf dem Mantel des Taufbeckens ist auf dem Deckel das Wunder des blühenden Aronstabes dargestellt, das als Zeichen der Jungfräulichkeit gedeutet wird.

Eine relativ »fremde Geschichte« wird hier mit dem Inhalt der Taufe in Verbindung gebracht.

> »*Dann sprach der HERR zu Mose: Rede zu den Israeliten und nimm jeweils von einer Großfamilie einen Stab, und zwar von den Anführern einer Großfamilie, im Ganzen also zwölf Stäbe, und schreib ihre Namen darauf! Auf den Stab Levis schreib den Namen Aaron; denn je ein Stab soll für das Haupt ihrer Großfamilien stehen. Dann leg die Stäbe in das Offenbarungszelt vor das Bundeszeugnis, dort, wo ich euch begegne. Und es wird geschehen: Der Mann, den ich erwähle, dessen Stab wird sprossen. So will ich vor mir das Murren zum Schweigen bringen, mit dem sie euch belästigen. Mose redete zu den Israeliten. Darauf gaben ihm all ihre Stammesführer je einen Stab, je einen Stab für einen Anführer, entsprechend ihren Großfamilien: insgesamt zwölf Stäbe. Auch Aarons Stab war mitten unter ihren Stäben. Mose legte die Stäbe im Zelt des Bundeszeugnisses vor dem HERRN nieder. Als Mose am nächsten Tag zum Zelt des Bundeszeugnisses kam, siehe, da hatte der Stab Aarons für das Haus Levi gesprosst; er trieb Sprossen, blühte und trug Mandeln. Da nahm Mose alle Stäbe von ihrem Platz vor dem HERRN weg und brachte sie zu allen Israeliten hinaus. Als sie die Stäbe sahen, nahm jeder den seinen. Darauf sagte der HERR zu Mose: Trag den Stab Aarons zurück vor das Bundeszeugnis! Dort soll er aufbewahrt werden als ein Zeichen für alle Aufsässigen. Mach mir auf diese Weise ihrem Murren ein Ende, dann werden sie nicht sterben.«* (Num 17,16–25)

Der blühende Stab des Aaron

Mose und Aaron stehen auf unserem Bild neben dem Altar mit den 12 Stäben, von denen einer, der Stab des Aarons, der für das Priestergeschlecht steht, blüht.

Es geht in dieser Geschichte um Erwählung. Die Stäbe werden über Nacht auf dem Altar dem Heiligen des Allerheiligsten ausgesetzt. Nur der Stab des Aarons treibt Blüten, die anderen bleiben tot. Durch dieses Wunder ist sein Geschlecht für den Dienst am Tempel erwählt. Fortan werden Aaron und sein Stamm die priesterlichen Dienste im Heiligtum stellvertretend für alle anderen Stämme übernehmen.

In der christlichen Schriftauslegung ist der blühende Aaronstab auch immer auf die Jungfräulichkeit Mariens bezogen worden.[50]

Auserwählung im christlichen Sinne geschieht bei Gott nie über Bewerbung, über ein helden- und tugendhaftes Leben, über Kraft und Macht. Auserwählung geschieht nur dort, wo Menschen sich dem »Heiligen des Allerheiligsten« aussetzen.

Nochmals Alfred Delp:

> » *Ein Leben ist verloren, wenn es nicht in eine innere Haltung, eine Leidenschaft, in ein inneres Wort zusammengefasst ist. Der Mensch muss unter einem geheimen Imperativ stehen, der jede seiner*

Stunden verpflichtet und jede seiner Handlungen bestimmt. Nur ein so geprägter Mensch wird Mensch sein können, jeder andere wird Dutzendware, über den anderen verfügen… Wer nicht in einer Atmosphäre der Freiheit zu Hause ist, die unantastbar und unberührbar bleibt, allen äußeren Mächten und Zuständen zum Trotz, der ist verloren. Der ist aber auch kein wirklicher Mensch, sondern Objekt, Nummer, Statistik, Karteikarte… Die Geburtsstunde der menschlichen Freiheit ist die Stunde der Begegnung mit Gott.«[51]

Taufe ist verbunden mit dem Vertrauen, dass wir durch Gott berufen und erwählt sind zu einem gemeinsamen Priestertum. Im Petrusbrief ist das wunderbar zusammengefasst:

> »*Lasst euch als lebendige Steine zu einem geistigen Haus aufbauen, zu einer heiligen Priesterschaft, um durch Jesus Christus geistige Opfer darzubringen, die Gott gefallen!*« (1 Petr 2,5)

Darum lebt der Getaufte aus dem Empfangen. Empfangen wird nur möglich in der Begegnung mit dem, der gibt, für Gott. Aus diesem Empfangen ergibt sich ein Ruf, der in einen »Imperativ« führt und doch zugleich die ganze Freiheit schenkt. Paulus sagt:

> »*Denn auch sie, die Schöpfung, soll von der Knechtschaft der Vergänglichkeit befreit werden zur Freiheit und Herrlichkeit der Kinder Gottes.*« (Röm 8,21)

Taufe ist mehr als eine Kirchenmitgliedschaft. Taufe ist Berufung. Gelebte Taufe lebt aus dem Empfangen. Und darum führt Taufe in die Sendung. Daran erinnert der blühende Stab des Aaron.

DER KINDERMORD ZU BETLEHEM – ZEUGNIS GEBEN

Der Kindermord zu Betlehem ist eine der grausamsten Geschichten der Heiligen Schrift. Die Magier hatten König Herodes in Jerusalem darauf hingewiesen, dass der neue König der Juden geboren worden ist. Sie ziehen, nachdem sie das Licht der Welt in der Krippe gefunden hatten, ohne eine zweite Begegnung mit Herodes zurück in ihr Land.

Wo das Gute mächtig wird, wehrt sich oftmals das Böse. Die Szene auf dem Taufdeckel lässt das erkennen: Da sitzt der grausame und zugleich von seinem Gewissen

Der Kindermord in Betlehem

geplagte König Herodes auf seinem Thron. Die Szene macht deutlich: Der Soldat vollzieht das absolut Böse und bringt das Kind in den Armen der Mutter um. Zugleich offenbart das Bild auch, dass die Ursache für das Böse der eifersüchtige König ist, der mit seinem Zeigefinger den Befehl zum Morden erteilt. Die Traurigkeit und Verzweiflung stehen den Müttern ins Gesicht geschrieben und es bleibt nur noch das kleine Zeichen der Geborgenheit, indem die zweite Mutter ihrem Kind die Brust gibt, um von der Grausamkeit abzulenken. Schon hier deutet sich an, was am Kreuz dann noch einmal zu einer ganz anderen Wirklichkeit wird: Der einzig Gerechte wird von der Welt nicht ausgehalten. Der Heilige macht das Böse offenbar.

Die Geschichte vom bethlehemitischen Kindermord wird in der historisch-kritischen Exegese in der Historizität stark angefragt. Letztlich geht es dabei um eine andere Wahrheit: Eine gelebte Taufe mündet immer in das Zeugnis. In der Einleitung zur Spendung des Firmsakramentes erinnere ich die Jugendlichen immer wieder daran: »In der Firmung geschieht, was Gott in der Taufe an uns begonnen hat. In der Taufe haben die Eltern und Paten versprochen, den Täufling mit dem Weg Jesu vertraut zu machen. In der Firmung sind die Jugendlichen nun alt genug, um selbst ›Ja‹ zu sagen zum Weg Jesu, zum Weg der Liebe und der Gerechtigkeit, zum Weg des Friedens und der Versöhnung. Wer ›Ja‹ sagt zum Weg Jesu, der wird mit Entschiedenheit

›Nein‹ sagen zum Bösen.« Darum folgt vor dem Glaubensbekenntnis immer die Frage nach der Bereitschaft, dem Bösen abzusagen.

Die Taufe leben bedeutet: Zeugnis geben. Zeugnis für den Herrn des Lebens. Und Zeugnis, dass man dem Bösen keinen Raum gibt.

Papst Benedikt XVI. beschreibt diesen Zusammenhang von Taufe und Zeugnis so:

> »*Der Zeuge Christi gibt nicht einfach nur Informationen weiter, sondern er hat eine persönliche Beziehung zur Wahrheit, die er anbietet, und durch die Konsequenz seines eigenen Lebens wird er zum glaubwürdigen Bezugspunkt. Er verweist jedoch nicht auf sich selbst, sondern auf einen, der unendlich viel größer ist als er selbst, dem er vertraut und dessen zuverlässige Güte er erfahren hat.*«[52]

DIE FUSSWASCHUNG DER SÜNDERIN – DIE TRÄNEN DER UMKEHR

Christus in der Mitte. Christus: die Mitte. Rechts und links von ihm, so erzählt das Evangelium, Pharisäer. Einer trägt den Namen Simon. Sie sitzen zu Tisch, der gedeckt ist. Schön, dass es schon damals Brezel gab! Aber wichtiger: Eine Frau – das Evangelium erzählt: eine Sünderin – wäscht Jesus mit den Tränen der Reue die Füße und trocknet sie mit ihrem Haar. Die beiden Pharisäer zeigen eine überhebliche Erhabenheit.

> »*Wenn dieser wirklich ein Prophet wäre, müsste er wissen, was das für eine Frau ist, die ihn berührt: dass sie eine Sünderin ist.*« (Lk 7,37)

Es gibt Menschen, denen gelingt scheinbar das Leben. Und es gibt andere, die fallen und straucheln. Beides hat immer mit Verantwortung zu tun. Aber nicht nur. Jesus sieht immer tiefer als nur bis zu einer Vordergründigkeit. Er sieht, dass in der schuldig gewordenen Frau eine Sehnsucht nach Heil und Heilung der Seele wachgeblieben ist. Darum begegnet er dem Simon mit Entschiedenheit und doch zugleich einladender Offenheit:

> »*Jesus wandte sich der Frau zu und sagte zu Simon: Siehst du diese Frau? Als ich in dein Haus kam, hast du mir kein Wasser für die Füße gegeben; sie aber hat meine Füße mit ihren Tränen benetzt und sie mit ihren Haaren abgetrocknet. Du hast mir keinen Kuss gegeben; sie aber hat, seit ich hier bin, unaufhörlich meine Füße geküsst. Du hast mir nicht das Haupt mit Öl gesalbt; sie aber hat mit Balsam meine Füße gesalbt. Deshalb sage ich dir: Ihr sind ihre vielen Sünden vergeben, weil sie viel geliebt hat. Wem aber nur wenig vergeben wird, der liebt wenig. Dann sagte er zu ihr: Deine Sünden sind dir vergeben.*« (Lk 7, 44–48)

Fußwaschung durch die Sünderin

Als getaufter Mensch »Ja« sagen zum Weg Jesu. In der Spur Jesu gehen bedeutet immer: Das Wagnis der Liebe zu leben und darum in der Beurteilung von Menschen eher auf Weite als auf Engherzigkeit zu setzen; ihnen eher mit Vertrauen zu begegnen als mit Missgunst und Skepsis, eher ihre Nähe zu suchen als sie auf Distanz zu halten.

Als getaufter Mensch Ja sagen zum Weg Jesu führt allerdings auch in ein anderes Selbstverhältnis, das vielleicht manchmal noch schwerer zu leben ist, als die Nachsicht mit dem Nächsten.

C. G. Jung macht das überdeutlich:

> »*Wenn ich nun aber entdecken sollte, dass der Geringste von allen, der Ärmste aller Bettler, der Frechste aller Beleidiger, ja der Feind selber in mir ist, dass ich selber des Almosens meiner Güte bedarf, dass ich mir selber der zu liebende Feind bin, was dann? Dann dreht sich in der Regel die ganze christliche Wahrheit um, dann gibt es auf einmal keine Liebe und Geduld mehr, dann sagen wir zum Bruder in uns »Rakka«, dann verurteilen wir uns und wüten gegen uns selbst. Nach außen verbergen wir es und leugnen es ab, diesem Geringsten von uns je begegnet zu sein. Und sollte Gott es selbst sein, der in*

solch verächtlicher Gestalt an uns herantritt, so hätten wir ihn tausendmal verleugnet, noch ehe überhaupt ein Hahn gekräht hätte. Wer mit Hilfe der modernen Psychologie nicht nur hinter die Kulissen seiner Patienten, sondern vor allem hinter seine eigenen geblickt hat,…, der muss gestehen, dass es das Allerschwierigste, ja das Unmöglichste ist, sich selber in seinem erbärmlichen Sosein anzunehmen. Schon der bloße Gedanke daran kann einen in Angstschweiß versetzen. Deshalb zieht man mit Vergnügen und ohne Zögern das Komplizierte vor, nämlich das Nichtwissen um sich selbst und die geschäftige Bekümmerung um andere, um deren Schwierigkeiten und Sünden. Dort winken sichtbare Tugenden, die die anderen und einen selbst wohltätig täuschen. Man ist sich selbst entlaufen.«[53]

Die größte Sünde ist, nicht mehr zu glauben, dass Gott meine Sünde nicht verzeihen könnte. Die Taufe erinnert daran, dass Gott sich unser erbarmt, so wie wir sind, damit wir Erbarmen und Nachsicht mit unseren Nächsten, aber ebenso mit uns selbst haben können. Selbst wenn wir verkrümmt und erbarmungswürdig unter dem Tisch liegen.

DIE WERKE DER BARMHERZIGKEIT – ODER: DIE BARMHERZIGKEIT IST DER NAME GOTTES

Eine Königin sitzt in der Mitte des Dreipassbogens auf einem Thron. Darüber ist in einem Spruchband zu lesen: »MISERECORDIA – Barmherzigkeit. Es bringt Vergebung der Sünde, sich durch Spenden der Armen zu erbarmen.« Mit Krone und prunkvollem Gewand teilt sie aus, gibt zu trinken und speist die Bedürftigen. Dargestellt sind die sieben Werke der leiblichen Barmherzigkeit:

1. Hungrige speisen

2. Durstigen tränken

3. Fremde beherbergen

4. Nackte kleiden

5. Kranke pflegen

6. Gefangene besuchen

7. Tote bestatten (fehlt)

Lange Zeit wurde davon ausgegangen, dass auf unserem Taufbecken die heilige Elisabeth dargestellt wurde, die mit ihrem kurzen Leben die Symbolgestalt der Caritas, der Nächstenliebe, ist. Schließlich wurde das Taufbecken zur Zeit Bischof Konrads II.

Die Barmherzigkeit

geschaffen, der den Heiligsprechungsprozess der heiligen Elisabeth maßgeblich begleitet hat. Mittlerweile erinnert die Kunstgeschichte daran, dass es schon früher üblich war, Tugendhaltungen personifiziert darzustellen. Auch die Auszeichnung mit einem Nimbus ist zur Entstehungszeit des Taufbeckens nicht außergewöhnlich.[54]

Wie auch immer: Das Taufbecken erinnert daran, dass eine wesentliche Frucht der Taufe in einer gelebten Haltung der Barmherzigkeit besteht. Oder anders ausgedrückt: Wer im Bewusstsein der Taufwürde sich die Haltung des dienenden Jesus zu eigen macht – wer sich also in den Dienst der Menschen stellt und sich dabei besonders denen zuwendet, die durch Hunger und Not am Boden liegen; wer denen, die in ihrer Heimatlosigkeit ein Dach über dem Kopf und vielleicht noch mehr über der Seele brauchen, Schutz und Geborgenheit schenkt oder wer denen, die aus dem gesellschaftlichen Leben herausgefallen sind, das Überleben sichert, der gibt nicht nur, sondern der empfängt und erfährt in der gelebten Nächstenliebe eine »königliche Berufung«. Im Endgericht beim Evangelisten Matthäus heißt es:

> »*Dann wird der König denen zu seiner Rechten sagen: Kommt her, die ihr von meinem Vater gesegnet seid, empfangt das Reich als Erbe, das seit der Erschaffung der Welt für euch bestimmt ist! ... Amen, ich sage euch: Was ihr für einen meiner geringsten Brüder getan habt, das habt ihr mir getan.« (Mt 24,34.40)*

Gelebte Barmherzigkeit ist: am Wesen Gottes Anteil haben. Zu nichts anderem sind wir in der Taufe berufen.

Nachdem Papst Benedikt XVI. am 28. Februar 2013 auf das Amt des Bischofs von Rom verzichtet und das neue Konklave einberuft, nimmt sich der damalige Kardinal Jorge Mario Bergoglio SJ von Buenos Aires für die geistliche Lektüre ein Buch des Kurienkardinals und großen Ökumenikers Walter Kardinal Kasper mit ins Konklave. Das Buch trägt den Titel: Barmherzigkeit: Grundbegriff und Schlüssel christlichen Lebens. Als dann Papst Franziskus zum 266. Bischof von Rom gewählt wird, macht er dieses Wort »Barmherzigkeit« zum Programm seines Pontifikates. Nach zwei Jahren ruft der Heilige Vater mit seiner Bulle Misericordiae vultus am 11. April 2015 ein Jahr der Barmherzigkeit für die Gesamtkirche aus. »Wo die Kirche gegenwärtig ist, dort muss auch die Barmherzigkeit des Vaters sichtbar sein!« Dieses Wort beschreibt die Haltung des Heiligen Vaters. Wer getauft ist und zu Christus gehört, muss das Wesen Gottes sichtbar werden lassen, das sich in der Barmherzigkeit erschließt und sich im Wort »Barmherzigkeit« zusammenfassen lässt.

Kardinal Kasper erinnert daran, dass bei Gott, den Jesus den barmherzigen Vater nennt, Name und Eigenschaft zusammenfallen:

> *Die Barmherzigkeit steht, wovon ebenfalls schon die Rede war, in einem unauflösbaren inneren Zusammenhang mit anderen Eigenschaften Gottes, besonders der Heiligkeit, der Gerechtigkeit, der Treue/Wahrheit. Sie wird umgeben von einem Kranz anderer Eigenschaften Gottes, die sich um die Barmherzigkeit zu einem Ganzen ordnen und Aspekte der Barmherzigkeit Gottes zum Ausdruck bringen. Scheeben nennt: Wohlwollen, Großmut, Huld, Gnädigkeit, Menschenfreundlichkeit, Herablassung, Freigiebigkeit, Schonung, Nachsicht, Milde, Sanftmut, Geduld und Langmut. Dieser Befund legt es nahe, die Barmherzigkeit bei der Behandlung der Eigenschaften Gottes nicht als Anhängsel zu behandeln, sondern sie zur organisierenden Mitte der Eigenschaften Gottes zu machen und um sie die anderen Eigenschaften zu gruppieren.*
>
> *Da Gottes Wesen nicht zusammengesetzt, sondern ganz und gar einfach ist, fallen die Namen und Eigenschaften Gottes, von denen in der Schrift die Rede ist, letztlich mit dem Wesen Gottes zusammen. Die Unterscheidung einzelner Eigenschaften gilt nur für unser begrenztes menschliches Begreifen Gottes. Wir können jeweils nur Aspekte des einen Wesens Gottes erkennen, welche sich aus der Beziehung Gottes zur Welt beziehungsweise aus den Wirkungen des Handelns Gottes in der Welt ergeben. Nur insofern hat die Unterscheidung der Eigenschaften Gottes in Gott selbst ein ›fundamentum in re‹.*

Die Bestimmung der Barmherzigkeit als Grundeigenschaft Gottes hat Konsequenzen für die Bestimmung des Verhältnisses der Barmherzigkeit zur Gerechtigkeit und der Allmacht Gottes. Wenn die Barmherzigkeit die Grundeigenschaft Gottes ist, dann kann sie nicht ein Fall von Gerechtigkeit sein, vielmehr muss umgekehrt die Gerechtigkeit Gottes von der Barmherzigkeit Gottes her verstanden werden. Die Barmherzigkeit ist dann die Gott eigentümliche Gerechtigkeit. Das war die grundlegende Einsicht, welche der Übereinkunft in der Rechtfertigungslehre zwischen der katholischen Kirche und den Lutheranern zu Grunde lag. Darauf wird im Folgenden nochmals ausführlich zurückzukommen sein.«[55]

In der Taufe wird der Täufling (ob als Kind oder Erwachsener) durch die Barmherzigkeit Gottes an Kindes statt angenommen. Wer somit aus der Taufe lebt, kann nicht anders, als die Gabe Gottes sichtbar zu machen durch ein Leben, das sich in Barmherzigkeit den Mitmenschen zuwendet. Wer diese Barmherzigkeit Gottes sichtbar werden lässt, wirkt königlich.

ALLES GEHÖRT ZUSAMMEN

Das entfaltete Bildprogramm des Taufbeckens ruft in Erinnerung: Alles gehört im Heilsplan Gottes zusammen. Schon die mittelalterliche Ikonographie lässt erkennen: Es gibt nicht ein Weniger an Botschaft Gottes im Alten Testament und ein Mehr an Botschaft Gottes im Neuen. Mit der Zwei-Einen-Bibel wird das Taufgeschehen gedeutet. In allen erzählten Geschichten des alten und des neuen Bundes, in den Propheten und Evangelien, ja sogar in der philosophischen Weisheit, die in den Tugenden beschrieben ist, zeigt sich Gottes Weg mit den Menschen.

Es ist ein Weg, der das Heil der Menschen im Blick hat. Es ist der Weg, der in der Blüte sichtbar – zur Fülle des Lebens führen will. Darum werden uns die Geschichten

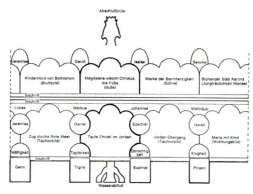

Schematische Ordnung der Biblischen Darstellungen auf dem Taufbecken (nach V. H. Elbern)

und die Worte der Heiligen Schrift in diesem Taufbecken entgegengehalten, damit wir entdecken: Als Getaufte gehören wir mitten hinein in dieses Heilsgeschehen, das Gott mit der Schöpfung begonnen hat und das er in Jesus Christus noch einmal neu hat verständlich werden lassen.

> » *Es gibt einen Glauben, der gesund macht. Das ist der Glaube von Menschen, die wissen, was ihnen wehtut, und den Mut haben, dies vor Gott auszusprechen. Und es gibt einen Glauben, der nicht gesund macht. Das ist der Glaube derer, die immer dabei sind, und auch mittun, ganz lieb und besten Willens, aber sie sind nicht bei sich selber, sie haben noch nicht begriffen, dass Gott sie selber wichtig nimmt. Muss Gott, der uns geschaffen hat einen jeden mit seinem Gesicht, einen jeden mit seinem Wert, nicht enttäuscht sein, wenn er uns anspricht, aber da kommt kein persönliches Wort zurück, sondern nur Hosianna!*
>
> *Gott selber ist einzig, einmalig, und er hat uns, jeden einzelnen, als Individuum geschaffen. In unserer Individualität besteht unsere Ebenbildlichkeit mit Gott. Wir leben in einer Gesellschaft, die uns davon ablenkt, zu spüren, wo die eigenen Wunden sind. Darum hat vor Jahren Joseph Beuys große Aufmerksamkeit erregt, als er in München in einem geweißten Kellerraum zwei Leichenbahren installierte, zwei Forken, zwei Kästen mit Reagenzgläsern und medizinischen Gerät und auf zwei schwarzen Tafeln die Aufschrift »Zeige Deine Wunde!«. Solange du zudeckst, was in dir blutet, gibt es für dich keine Heilung! Zeige deine Wunde«!*[56]

Die Bilder, die uns das Taufbecken schenkt, wollen nicht einfach nur an eine Vergangenheit erinnern. Es geht nicht darum, was damals geschah, und es geht auch nicht darum, was schon einmal in der Vergangenheit Kluges und Frommes gesagt worden ist. Der Künstler des Taufbeckens hält uns ein biblisches Heilsprogramm vor Augen, damit wir begreifen, was heute an uns geschieht. Was von den Propheten gesagt und aufgeschrieben worden ist, das soll uns heute gesagt sein.

> » *Was Jesus dort sagt, das sagt er auch in dieser Stunde. Er schaut jeden und jede an und fragt: Was willst du, dass ich dir tun soll?«*[57]

Die Taufe holt uns mitten hinein in Gottes allumfassendes Wirken, damit die Wunden unseres Herzens und unserer Seele heil werden können.

Das predigt das Taufbecken des Wilbernus, auch dann, wenn dort nicht getauft wird.

DER HEZILOLEUCHTER – ÜBER UNS EINE VERHEISSUNG

Es gibt heute in Deutschland nur vier mittelalterliche Radleuchter. Einer befindet sich im Aachener Dom, ein anderer im Kloster Großcomburg bei Schwäbisch Hall. Zwei weitere beherbergt der Dom zu Hildesheim.[58]

Der monumentale Radleuchter Bischof Hezilos hat nach der Renovierung (2010–2014) seinen ursprünglichen Ort im mittleren Teil des Langhauses wiedergefunden. Bischof Hezilo (1059–1079) hat ihn, für den von ihm 1061 wiederhergestellten Dom[59], gestiftet. Der Heziloleuchter ist von allen mittelalterlichen Radleuchtern mit über sechs Metern Durchmesser auch der größte. Die imposante Krone ist eine bildliche Umsetzung der biblischen Erzählung in der Geheimen Offenbarung des Johannes von der mit Mauern umgebenen himmlischen Stadt Jerusalem.[60]

Durch ein schmiedeeisernes Tragegerüst wird der Leuchter innen gehalten. Das vergoldete Kupferblech bildet einen Kreis, unterbrochen von 12 Türmen und 12 offenen Toren. Vielleicht standen früher in diesen Toren die Figuren der zwölf Apostel.

Schon im Alten Testament, im Buch Sacharia (2,5–9), hat der Prophet eine Vision, in der Gott ankündigt, das zerstörte Jerusalem wieder aufzubauen. Wie groß soll die neue Stadt werden? Welche Begrenzungen sind für die Sicherheit notwendig? Welche Abschottungen vor dem Feind müssen Berücksichtigung finden?

Dann antwortet Gott: »Jerusalem soll eine offene Stadt sein.« Eine Stadt des Lebens. Eine Stadt der Weite. Eine Stadt der Freiheit. Eine Stadt, in der man atmen kann.

Allerdings: In einer Stadt des Altertums ging es immer um Sicherheit. Darum geschlossene Stadtmauern. Darum sichere Stadttore. Die Antwort Gottes bei Sacharia:

> »*Ich selbst – Spruch des HERRN – werde für Jerusalem ringsum eine Mauer von Feuer sein und zur Herrlichkeit werden in seiner Mitte.«*
> *(Sach 2,9)*

Gott ist die Sicherheit, weil er der Anwalt des Lebens ist und zu seinem Bund steht. Dieses Bild greift Johannes in seiner Geheimen Offenbarung, dem letzten Buch der Bibel, auf. Gott wird eine neue Stadt errichten. Es ist eine Stadt des Lebens. Mit

Der Heziloleuchter im Langhaus mit Blick zum Altar

Der Heziloleuchter

offenen Toren. Ohne Hindernisse. Diese Stadt hat eine Mitte. Sie ist Gott selbst. So wie in der Architektur des Heziloleuchters deutlich wird, dass es eine Mitte gibt, die trägt, so ist Gott die Mitte eines neuen, ewigen Lebens mit einem neuen Himmel und einer neuen Erde.

Gott sei Dank hängt nunmehr der große Leuchter wieder über dem Volk Gottes, das sich im Dom zum Gottesdienst versammelt. Dadurch wird deutlich: Wir sind als Getaufte unterwegs mit der Verheißung über uns. In den vielen Abbrüchen und Rissen unseres Lebensweges, in den schweren Erfahrungen von Not und Leid, in denen

Aufhängung Heziloleuchter

das Leben so oft nach »Nein« schmeckt, tritt der Glaubende unter diesen Leuchter und darf den Kopf erheben zu einem großen »Ja« Gottes, das über uns schwebt und zugleich in der Feier des Gottesdienstes unter diesem Leuchter auf dem Altar gegenwärtig wird, damit wir gestärkt und getröstet werden für unsere Wege durch die manchmal so grauen Alltage des Lebens.

Und noch ein weiterer Gedanke ist mir bei diesem großartigen Kunstwerk bedeutsam:

Wem leuchtet der Leuchter?

Das ist in unserer Zeit eine eher schwierige Frage. Durch eine moderne Lichttechnik lässt sich der Dom seit der Renovierung (2010–2014) mit allen möglichen Beleuchtungsszenarien »ins Licht eintauchen«. Das war aber nicht immer so. Schon gar nicht zu der Zeit, als Bischof Hezilo den Leuchter in den Dom einbringt. Hier sei daran erinnert, dass wohl schon Bischof Bernward eine imposante Lichtkrone in den Dom in der Mitte des Langschiffes eingebracht hatte. Diese wurde vielleicht durch den Dombrand 1046 zerstört. Der Radleuchter mit seinen 72 aufgesteckten Kerzen verleiht dem Dom noch einmal eine ganz andere, einzigartige Intensität,

Heziloleuchter, Detail

wenn er im dunklen Raum allein das Licht für die Gläubigen spendet, die unter ihm sitzen. Bernhard Gallistl, langjähriger Handschriftenbibliothekar an der Hildesheimer Dombibliothek, zitiert in seinem Welterbebuch »Erzähltes Erbe« den gebildeten Zisterziensermönch und Kölner Chronisten Cäsarius von Heisterbach (1180–1240) aus dem gleichnamigen Kloster Heisterbach bei Königswinter, der in einer Homilie die geistliche Tiefendimension eines Radleuchters beeindruckend ins Wort hebt:

> 》 *Außer den Zwölf, die er erwählte und Apostel nannte, hat der Herr unter allen, die an ihn glaubten, diese Zweiundsiebzig besonders zum Dienst der Verkündigung bestimmt. Die Erwählung der beiden Gruppen zeigt man in den Kirchen sinnbildlich in den Metallkronen, die zwölf große Brüder wie die Apostel und zweiundsiebzig Leuchter wie die ebenso vielen Jünger haben. Der Knauf oder Globus, von dem die Krone selbst mit Armen hängt, und mit der Kugelform und seinem Glanz den Sonnenkörper darstellt, bedeutet Christus, der als die Sonne der Gerechtigkeit die Apostel wie seine Jünger an sich zog, aufrechthielt und erleuchtet.*«[61]

Der Leuchter leuchtet dem Volk Gottes. Neben der Verheißung, dass wir auf unserer irdischen Pilgerschaft nicht auf ein Nichts zugehen, sondern in die Herrlichkeit Gottes wandern und damit unterwegs sind zur himmlischen Stadt, in der wir Geborgenheit

Heziloleuchter, Detail

und Leben finden werden, ist der Leuchter zugleich Botschaft für das hier und jetzt der Menschen, die sich unter ihm versammeln, um gestärkt zu werden für ihren Glaubensweg. Christus ist das Licht, die Sonne der Gerechtigkeit, die uns in der Nachfolge aufrichtet und den Weg weist.

Christus ist das Licht, das auch uns Licht sein lässt.

> »Ihr seid das Licht der Welt. Eine Stadt, die auf dem Berg liegt, kann nicht verborgen bleiben. Man zündet auch nicht ein Licht an und stülpt ein Gefäß darüber, sondern man stellt es auf den Leuchter; dann leuchtet es allen im Haus. So soll euer Licht vor den Menschen leuchten, damit sie eure guten Werke sehen und euren Vater im Himmel preisen.« (Mt 5,14–16)

Besonders nach dem Zweiten Vatikanischen Konzil haben wir diese Zusage des Herrn neu in den Blick genommen. Die Kirche ist nicht zuerst hierarchisch zu sehen, sondern als Volk Gottes sind wir durch unsere Taufweihe zu einem gemeinsamen Priestertum berufen. Durch Taufe und Firmung sind wir gemeinsam berufen, Licht für die Welt zu sein. Durch die Salbung im Heiligen Geist werden wir alle zum Tempel Gottes. Wir werden mit einer gleichen Würde zu einem geistigen Haus erbaut. Jeder Einzelne von uns ist gesandt, um in der Gemeinschaft der Kirche den Menschen Gottes große Wunder durch Wort und Tat zu verkünden. Denn, so schreibt der Autor des 1. Petrusbriefes:

> *Ihr aber seid ein auserwähltes Geschlecht, eine königliche Priesterschaft, ein heiliger Stamm, ein Volk, das sein besonderes Eigentum wurde, damit ihr die großen Taten dessen verkündet, der euch aus der Finsternis in sein wunderbares Licht gerufen hat.« (1 Petr 2, 9)*

Der Leuchter leuchtet, damit wir erinnert werden: wir sind unterwegs mit der Zusage, durch Christus Licht zu sein.

Ist das nicht eine zu große Herausforderung? Worin soll dieses Licht bestehen?

Eine kleine literarische Szene ist mir der Zugang zu einer Antwort: Der Schriftsteller Stefan Andres beschreibt in seiner Novelle »Wir sind Utopia« wie der Karmelitermönch Paco kurz davor steht, das Kloster zu verlassen. Sein Lehrer Padre Damiano gibt ihm folgende Worte mit auf den Weg:

> *…Nehmen Sie also die Blankovollmacht, die ihnen Gott ausgestellt hat, ich meine Ihre Freiheit des Handelns, nehmen Sie das himmlische Aktienstück zurück, es gehört Ihnen! Aber vergessen Sie nicht, das Kapital dahinter, das sind Sie selber. Sie verfügen, mit göttlicher Genehmigung, über sich und alles, was Sie sind und haben. Das ist wohl ein dickes und auch drückendes Scheckbuch, was Sie da bei sich tragen. Nur bin ich jetzt gespannt, an wen Sie die einzelnen Blätter ausstellen werden, wo Sie Ihre Freiheit Stück für Stück abgeben. Sie werden sehen, das Buch wird zusehends dünner. Sie sind, Gott sei Dank, nicht geizig! Aber passen Sie auf: den letzten Scheck im Buch – es nimmt ein Ende –, den stellen Sie auf die Liebe aus, in irgendeiner Form auf die Liebe, auf etwas, was nicht Sie sind – sondern das Sie braucht.«[62]*

Ein schönes und nachdenkliches Bild. Unser Leben braucht Licht. Es kommt uns von Christus her. Und wir werden Licht für andere, wenn wir geben lernen.

Die Frage wird sein: ob ich geben kann, ohne dabei gleich den Eigengewinn einzukalkulieren. Es muss Schecks geben, die auf Liebe ausgestellt sind, nicht darauf, dass sie mir in erster Linie nützen, sondern darauf, was der andere braucht. Darin erschließt sich die Christusnachfolge und führt in die gelebte Berufung.

Darum hängt der Leuchter nicht mehr, wie nach dem Wiederaufbau der 1960er Jahre, über dem Altar. Er hängt wie im Mittelalter und der Frühen Neuzeit wieder über dem Volk Gottes. Er erinnert: Wir sind berufen, mit der Liebe unser Licht für andere leuchten zu lassen. Wie ich finde, eine wichtige und wunderschöne Erinnerung über uns.

An den großen Festtagen werden die 72 Kerzen des Leuchters, die an die 72 Jünger erinnern oder an die 72 Völker, die man im Altertum auf der Erde wohnend annahm, angezündet und erhellen dann den dunklen Raum mit einem warmen Licht. Sie erinnern daran: Alle sind eingeladen, in der Gebrochenheit, in den Konflikten und Nöten des Lebens auf die Verheißung zu schauen, die uns im Licht Jesu ins Herz fällt. Und der Leuchter erinnert an unsere Bestimmung, dass wir Licht in der Welt sind. Wer so den Himmel in sich und über sich weiß, der kann trotz erfahrener Schuld aufstehen, sich aufrichten und neu an seine Größe glauben, die als Gottes Geschenk Ewigkeitscharakter hat.

Rudolf Otto Wiemer hat in lyrischen Zeilen eine eigene Vorstellung vom Leben hinter den Mauern dieser neuen Stadt:

> *Die Erde ist schön, und es lebt sich leicht im Tal der Hoffnung.*
> *Gebete werden erhört. Gott wohnt nah hinterm Zaun.*
> *Die Zeitung weiß keine Zeile vom Turmbau.*
> *Das Messer findet den Mörder nicht. Er lacht mit Abel.*
> *Das Gras ist unverwelklicher grün als der Lorbeer.*
> *Im Rohr der Rakete nisten die Tauben.*
> *Nicht irr surrt die Fliege an tödlicher Scheibe.*
> *Alle Wege sind offen. Im Atlas fehlen die Grenzen.*
> *Das Wort ist verstehbar.*
> *Wer Ja sagt, meint Ja, und »Ich liebe« bedeutet: jetzt und für ewig.*
> *Der Zorn brennt langsam. Die Hand des Armen ist nie ohne Brot.*
> *Geschosse werden im Flug gestoppt.*
> *Der Engel steht abends am Tor.*
> *Er hat gebräuchliche Namen und sagt, wenn ich sterbe:*
> *Steh auf.*[63]

DER ALTAR VON ULRICH RÜCKRIEM – IN DER SCHÖPFUNG DAS EWIGE

120 Millionen Jahre alt ist dieser neue Altar. Er stammt aus einem Steinbruch zwischen Anröchte und Soest. Er entstand aus Muscheln und Sand, als sich das Meer vor Jahrmillionen von Jahren zurückzog und eine Steinlandschaft hinterließ. Allein die Altarplatte wiegt mehr als 2,5 Tonnen.

Der Hildesheimer Altar schimmert in zartem Grün – dem Farbton, den die ältesten Schichten des Kalksteins haben. Der Altar hat eine Höhe von 90 Zentimetern, die Fläche beträgt 1,90 Meter (Breite) mal 1,10 Meter (Tiefe).

Ulrich Rückriem hat diesen schlichten und doch zugleich beeindruckenden Altar geschaffen. Er wurde 1936 geboren und arbeitet als Künstler in Köln und London. Ab 1968 gestaltet er besonders Steinskulpturen. Sein typisches Verfahren: Er spaltet einen Steinblock in kubische Formen und setzt die Teile anschließend wieder zusammen.

Im Rahmen der Domsanierung hat sich das Domkapitel in die lange Tradition des Domes gestellt. Immer wieder haben Menschen Kunst geschaffen und in den Dom platziert, um ihrem eigenen Glauben in ihrer Zeit Ausdruck zu verleihen. Darum ist Kunst auch immer Wiederspiegelung eines Lebens- und Glaubensgefühls. So auch unser Altar. Prälat Dr. Werner Schreer, zur Zeit der Sanierung Generalvikar, äußerst sich dazu so:

> » *Die mittelalterlichen Schätze wie die Bernwardtür, die Christussäule oder der Heziloleuchter sollen durch zeitgenössische sakrale Kunst ergänzt werden. Kunst ist immer auch ein Ausdruck von Religion. Und weil das heute sehr viel schlichter und reduzierter ist als in früheren Zeiten, passt der Altar hervorragend in den neu gestalteten Dom.*«[64]

Noch ein Gedanke ist mir bei diesem Altar bedeutsam. Der Stein ist ganz Teil der Schöpfung. 120 Millionen Jahre sind in ihm »verewigt«! Spuren zeigen das. 120 Millionen Jahre – das ist eine Zeit, die für einzelne Menschen unvorstellbar ist. Diese in diesem Stein verdichtete Zeit ist der Ort, wo sich die Ewigkeit mit uns verbindet. Tag für Tag feiern wir auf diesem Altar im Dom das Mahl, das uns Jesus am Abend vor seinem

Tod gestiftet hat. Es ist das Mahl, in dem er seinen Freunden verheißen hat, dass er unter den Gaben von Brot und Wein in der Zeit gegenwärtig sein wird, wann immer wir so tun, wie er es an diesem Abend getan hat. Darum ist dieser Stein der Ort, wo Himmel und Erde sich berühren. Der Ewige kommt in unsere Zeit. Und wir, die wir um den Altar versammelt sind, werden in das Ewige hineingezogen, in die Gemeinschaft mit Jesus Christus, der im Heiligen Geist zur Rechten des Vaters für immer lebt.

Aus diesem Verständnis heraus hat der Künstler die Innenfläche des Altares vergoldet. Dort, wo unter dem alten Altar der Reliquienschrein mit den Reliquien der Domheiligen stand, gibt es jetzt durch die Vergoldung einen dezenten Hinweis auf den Schrein, der genau unterhalb des Altares in der Krypta steht: auf den Schrein des heiligen Godehard.

Dort, wo das Mahl Jesu gefeiert wird, feiern Himmel und Erde zusammen. Dort, wo wir uns um den Altar versammeln, sind wir hineingenommen in die Schar der Heiligen, die um das »Lamm« (Offb 19,1–8), um Christus versammelt sind.

So ist der neue Altar in seinem schlichten Geschaffensein ein Hinweis auf die Herrlichkeit, die uns in der Gemeinschaft des Himmels am Ende der Tage verheißen ist. Wie das dann sein wird? Gott, der Künstler überhaupt, wird uns noch einmal in die Hand nehmen und uns schön machen. Der heilige Irenäus beschreibt das so:

> *Er wird dich schön machen*
> *Mensch, du bist ein Werk Gottes.*
> *Erwarte also die Hand deines Künstlers,*
> *die alles zur rechten Zeit macht,*
> *zur rechten Zeit für dich,*
> *der du gemacht wirst.*
> *Bring ihm ein weiches, williges Herz entgegen*
> *und bewahre die Gestalt,*
> *die der Künstler dir gab.*
> *Bleibe formbar, damit du nicht verhärtest*
> *und schließlich die Spur*
> *seiner Finger verlierst.*
> *Wenn du den Abdruck seiner Finger in dir bewahrst,*
> *steigst du zur Vollkommenheit empor.*
> *Die Kunst Gottes gestaltet den Lehm, der du bist.*
> *Nachdem er dich aus dem Stoff geformt hat,*
> *wird er dich außen und innen*
> *mit reichem Gold und Silber schmücken.*
> *So schön wird er dich machen,*
> *dass am Ende er selbst nach dir verlangt.*[65]

Der Altar von Ulrich Rückriem mit den vergoldeten Innenseiten

DER OSTERLEUCHTER –
DIE IMMANENTE TRANSZENDENZ

Die Fällung der Donareiche durch den heiligen Bonifatius in der Nähe des heutigen Fritzlars ist vielen gut bekannt. Eine ähnliche Sage mit zweifellos anderem Hintergrund wird von der Irminsul berichtet, die Kaiser Karl der Große als Heiligtum der Sachsen in der Nähe von Höxter umgestürzt habe. Im 17. Jahrhundert entsteht diese Sage und wird auf eine Säule übertragen, die Bischof Hezilo bei der Konsekration des neuen Domes nach dem fürchterlichen Dombrand 1046 im Jahr 1061 im Dom aufstellen lässt.

Wenn man alle Legendenranken beiseite nimmt, dann stammt die Säule aus dem 11. bis 12. Jahrhundert. Sie ist aus Kalksinter gefertigt, aus Ablagerungen einer langen antiken Wasserleitung, die von der Eifel bis nach Köln reichte.

Die Säule besteht aus zwei Stücken, die durch drei Bronzereifen zusammengehalten wird. Sie ist 1,87 m hoch und hat einen Umfang von 26 cm. Sie hat eine metallene Basis. Eine aus Kupfer vergoldete Blätterkrone schmückt sie als Abschluss. Ursprünglich hatte sie in der Mitte einen eisernen Dorn, der die Osterkerze trug. Später wird sie mit dem Blätterkranz ausgestattet, in dessen Mitte eine hölzerne Muttergottes die Säule krönte. Bischof Jobst Edmund von Brabeck lässt sie 1741 durch eine silberne Barockmuttergottes erneuern. 2014 wurde diese durch das jetzige Kreuz aus brasilianischem Bergkristall ersetzt, das von dem Künstlerehepaar Ulla und Martin Kaufmann aus Hildesheim im Rahmen der Sanierung des Domes neu geschaffen wurde. Die Silbermadonna befindet sich nun in der Sakramentskapelle des Domes.

Die Irmensäule hat verschiedene Standorte im Dom eingenommen. Ursprünglich stand sie an den Stufen zum Kreuzaltar. Nach dem Krieg hatte sie ihren Platz im sogenannten Godehardichor, der Empore im nördlichen Querhaus.

Nunmehr steht sie in der Mitte der Apsis, dort, wo ursprünglich der Hochaltar stand. Die Säule mit dem Siegeskreuz bildet mit dem darüber hängenden Azelin- oder

Die Irmensäule mit dem neuen Bergkristallkreuz

Thietmarleuchter[66] und dem durch die transparenten Fenster durchschimmernden Rosenstock einen Zielpunkt in der West-Ost-Achse der Verheißung. Mit dem neuen »Lichtkreuz« wird den Gläubigen vor Augen gestellt und ins Herz gelegt, wo unser eigener Lebensweg einmal enden wird und unter welcher großen Verheißung unser Leben steht.

Ein Mitbruder hat mir von einer Kreuzesdarstellung auf dem Pilgerweg von Santiago de Compostela erzählt:

> »*Auf dem Jakobusweg kam ich an der Brücke über den Kocher in Wöllstein auf der Ostalb an einem Wegkreuz vorbei, das der schwäbische Künstlerpfarrer Sieger Köder geschaffen hat.… Christus beugt sich vom Kreuz herunter und streckt beide Arme den Menschen entgegen, die mit ihrem Pilgerrucksack voller Anliegen dort vor ihn hintreten. Einer dieser Pilger hat einen Zettel geschrieben und an den Pfahl des Kreuzes geheftet. Ich habe mir diese Worte aufgeschrieben: »Unser König hat königlich gegeben: Er hat alles gegeben, sich selbst. Er hing nicht an seiner Position, sondern an uns. Er lebte nicht für sich selbst, er lebte für uns. Er gab, was er hatte. Und zuletzt gab er sein Leben.*
>
> *Zwischen Himmel und Erde, nackt an einem Todesbalken, hat er es hingegeben – für uns und für unsere Welt.«*

Der ursprüngliche Osterleuchter ist zum Osterkreuz geworden und hat im wahrsten Sinne des Wortes so seine Mitte gefunden. Das österliche Kreuz aus Bergkristall ist zum eschatologischen Heilszeichen geworden und fasst damit die geistliche Botschaft unseres Domes in vielfacher Weise zusammen.

Paulus sagt:

> »*Wir dagegen verkünden Christus als den Gekreuzigten: für Juden ein Ärgernis, für Heiden eine Torheit, für die Berufenen aber, Juden wie Griechen, Christus, Gottes Kraft und Gottes Weisheit.« (1 Kor 1,23)*

Jesus Christus, der Gekreuzigte, Gottes Kraft und Weisheit: daran erinnert der Osterleuchter in der Apsis als Ziel jedes Glaubenslebens. Wir schauen auf einen, der uns in seiner Hingabe am Kreuz mitnimmt zum Vater, der ihn in der Stunde seines Todes in ein neues Leben gehoben hat, an dem wir Anteil haben sollen. Diese Hoffnung ist wie eine Arznei für die Seele. Es ist eine Verheißung, die den Himmel berührt.

Das Triumphkreuz auf der Irmensäule

DIE CHRISTUSSÄULE DES HEILIGEN BERNWARD – DER WEG MIT JESUS

Sie ist 3,79 Meter hoch, hat einen Durchmesser von 58 Zentimeter und wiegt 3,4 Tonnen. Die Christussäule ist der zweite monumentale Bronzeguss, den der heilige Bernward in Auftrag gegeben hat. Ursprünglich hat er sie für den Kreuzaltar in seiner Grabeskirche St. Michael herstellen lassen.

In einer Breite von 45 Zentimetern winden sich insgesamt 24 Bilder aus dem Leben Jesu nacheinander spiralförmig in einem Band achtmal um die Säule. Am Fuß der Säule befinden sich zum Teil beschädigte Figuren, die ähnlich wie am Taufbecken die vier Paradiesflüsse symbolisieren sollen.

Die Grundidee wird der heiligen Bernward wiederum in Rom erhalten haben, wo er die Siegessäule des Trajan bewunderte.

Ursprünglich stand die Säule unter dem Triumphbogen im Ostchor von St. Michael.

Über der mit einem Kreuz gekrönten Säule hing ein Radleuchter, in dessen Mitte ein Krug herabragte, der von der Hochzeit zu Kana stammen sollte und ein Geschenk des Kaisers Otto III. an Bernward war.

Die Säule hat eine bewegte Geschichte. Bis ins 18. Jahrhundert stand sie in St. Michael. Nachdem allerdings die Klosterkirche 1542 Stadtkirche geworden war, geriet das Kunstwerk immer mehr ins Abseits. Das auf der Säule sich befindende Kreuz wurde entfernt und für militärische Zwecke eingeschmolzen. 1676 wurde auch das ursprüngliche Bronzekapitell abgenommen, um Metall zur Reparatur der Läuteglocken zu gewinnen, das man sonst nicht hätte bezahlen können. Aufgrund einer Holzkopie war es möglich, dass das heute auf dem Schaft aufliegende Kapitell 1877 neu erstellt werden konnte. Um die Säule gänzlich vor dem Schmelzofen zu bewahren, wurde sie 1810 von historisch interessierten Bürgern der Stadt Hildesheim als Denkmal auf dem Domhof aufgestellt und von dort 1895 aus konservatorischen Gründen in den Dom übertragen.[68]

Die Christussäule im Dom

St. Michael innen mit Blick in den Ostchor um 1022[67]

Von der Taufe Jesu im Jordan bis zum Einzug in Jerusalem werden von unten nach oben 24 Szenen aus dem Leben Jesu dargestellt. Sie gehen zum Teil ineinander über, sind aber gleichzeitig voneinander unterscheidbar:

1. Die Taufe Christi am Jordan
2. Die Versuchung Jesu in der Wüste
3. Die Berufung von Petrus und Andreas
4. Die Berufung von Jakobus und Johannes
5. Die Hochzeit zu Kana
6. Die Heilung des Aussätzigen
7. Die Aussendung der Zwölf
8. Die Samariterin am Jakobsbrunnen
9. Johannes der Täufer
10. Der Synagogenvorsteher und die blutflüssige Frau
11. Die Heilung des Blinden
12. Jesus und die Ehebrecherin
13. Die Auferweckung des Jünglings von Nain
14. Die Verklärung
15. Die Rede an die Pharisäer
16. Der reiche Mann und der arme Lazarus
17. Zachäus
18. Feigenbaum
19. Krankenheilung am See Genezareth
20. Jesus wandelt auf dem See und der kleingläubige Petrus
21. Die Speisung der vielen Menschen
22. Die Auferweckung des Lazarus
23. Das Mahl in Betanien
24. Jesus zieht in Jerusalem ein[69]

Jede einzelne Szene verdient eine detaillierte Betrachtung.[70] Auf eine Besonderheit, die uns die maßgeblich geistlich-theologische Aussageabsicht der Christussäule erschließt, sei hier hingewiesen:

In allen Szenen wird Jesus in der Begegnung mit den Menschen diesen zugewandt dargestellt. Der Zeigegestus und die Körperhaltungen machen seine menschliche Zuwendung in allen Begegnungen deutlich. Ob er die Hände lehrend erhebt, ob

Die Auferweckung des Jünglings von Nain

er den Hilfesuchenden an die Hand nimmt, ob er seine Hände öffnet als Geste des Empfangens oder ob er das Buch der Heiligen Schrift bergend an sich drückt: immer zeigen die Bilder Jesus in einer Haltung der Bezogenheit und sein Gesichtsausdruck lässt verstehen, wie er ganz bei sich und zugleich bei den Menschen ist. Mit einem tief authentischen Ausdruck ist Jesus für die Menschen, die ihm begegnen, Offenbarung auf Gott hin.

Nur in drei Szenen wird die Blickrichtung Jesu verändert. Das erste Bild ist die Taufe am Jordan, wo Jesus in den Fluss gestiegen ist und sich von Johannes taufen lässt. Er steht in den Fluten des Jordan und schaut dabei die Betrachter an.

Ähnlich, doch noch ausdrücklicher und direkter ist die Szene bei der Verklärung auf

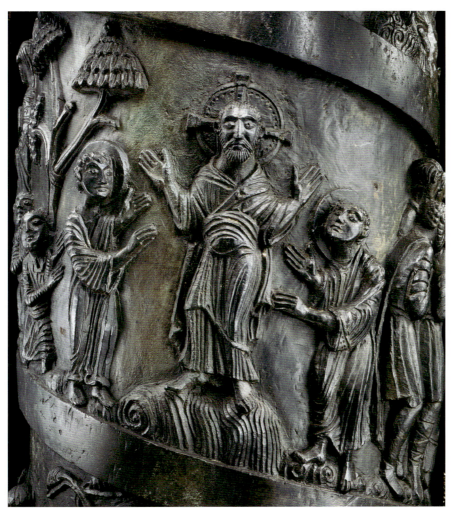

Die Verklärung

dem Berg Tabor gestaltet. Jesus, flankiert von zwei Jüngern, steht den Betrachtern direkt gegenüber, die Arme wie zum Segnen erhoben.

Als dritter direkter Anblick Jesu muss schließlich das Kreuz genannt werden, das seit dem 16. Jahrhundert als Krönung oben auf der Siegessäule fehlt. Die Menschen, die in den Kreisrahmen des Kapitells betend die Hände (zum Gekreuzigten) heben und dabei von den Engeln an den Ecken des Kapitells stützend emporgehoben werden, markieren, wozu die Säule die Betrachtenden bewegen möchte.[71]

In der geistlichen Tiefenaussage geht es in allen drei Szenen um Offenbarung. »Das ist mein geliebter Sohn!« spricht die Stimme bei der Taufe am Jordan und auf dem Berg Tabor, die dem himmlischen Vater zuzuordnen ist. Wo Gott am Kreuz zu schweigen scheint und dieser geliebte Sohn das Schweigen Gottes in der absoluten Gottesfinsternis selbst aushalten muss, da zeigt Gott drei Tage später, dass er in der Sinnlosigkeit des Todes gegenwärtig war und mitausgehalten hat. Die Macht des Todes griff bei Jesus ins Leere, weil Gott ihn in der Stunde des Todes an sich gezogen hatte, um ihn zu seiner Rechten zu erhöhen.

Damit ist die Säule Bernwards eine Siegessäule. Sie soll dem Betrachtenden nicht durch die Addition von singulären Bildern zeigen, wer Gott ist und wie Gott an den Menschen handelt. Sie will in der imposanten Gestalt als Ganzes gesehen und durch das Kreuz selbst verstanden werden. Sie bringt dem Betrachtenden nahe: So ist Gott. So wie Jesus sich den Menschen zuwendet, so ist Gott. So wie Jesus über den Vater predigt, so ist Gott. So wie Jesus Erbarmen zeigt und den Menschen aus dem Unheil, gleich welcher Art, herauszieht, so ist Gott. Gleichzeitig hält Bernward mit der Säule den Betrachtenden den Spiegel vor Augen und lässt deutlich werden: So bist du Mensch! So wie Herodes die Wahrheit nicht aushält und darum Johannes mundtot macht und umbringt, so kannst du Mensch sein! So wie Petrus nicht vertrauen kann und darum in den Wogen des Zweifels einsinkt, so bist du Mensch. Und so wie der Blinde nicht sehen kann, so wie der Hauptmann sich um sein krankes Kind sorgt und verzweifelt ist, so bist du Mensch mit deinem Schatten und deiner Verletzlichkeit! Und so hartherzig wie der Reiche, der den armen Lazarus einfach vor der Tür liegen lässt, so hartherzig, ungerecht und lieblos kannst du Mensch sein.

Wer vor der Säule steht, sieht sich als Mensch. Gleichzeitig wird er mit seinem Blick und seinem Bewusstsein emporgehoben zu dem, der bis in die letzte Konsequenz hinein an Gott festgehalten hat und Gott darin offenbarte als den, der trotz all unserer Schlamassel und Konflikte, trotz all unserer Zerrissenheit und Ohnmacht ein Licht in unser Leben bringt, das uns trotz allem auf ein gutes Ende hoffen lässt.

Joseph Ratzinger, der spätere Papst Benedikt XVI., hat in seiner »Einführung in das Christentum« diese Heilszuversicht des Kreuzes eindrücklich und berührend in folgende Gedanken einfließen lassen:

> »*Das Kreuz ist Offenbarung. Es offenbart nicht irgendetwas, sondern Gott und den Menschen. Es enthüllt, wer Gott ist und wie der Mensch ist. In der griechischen Philosophie gibt es eine eigentümliche Vorahnung dieses Zusammenhangs: Platons Bild vom gekreuzigten Gerechten. Der große Philosoph fragt sich in seinem Werk über den Staat, wie es wohl um einen ganz und gar gerechten Menschen in dieser Welt bestellt sein müsste. Er kommt dabei zu dem Ergebnis, dass die Gerechtigkeit eines Menschen erst dann vollkommen und bewährt sei, wenn er den Schein der Ungerechtigkeit auf sich nehme, denn dann erst zeige sich, dass er nicht der Meinung der Menschen folgt, sondern allein zur Gerechtigkeit um ihrer selbst*

willen steht. So muss also nach Platon der wahrhaft Gerechte in dieser Welt ein Verkannter und Verfolgter sein, ja, Platon scheut sich nicht zu schreiben: »Sie werden denn sagen, dass der Gerechte unter diesen Umständen gegeißelt, gefoltert, gebunden werden wird, dass ihm die Augen ausgebrannt werden und dass er zuletzt nach allen Misshandlungen gekreuzigt werden wird . . .« Dieser Text, 400 Jahre vor Christus niedergeschrieben, wird einen Christen immer wieder tief bewegen. Vom Ernst philosophischen Denkens her ist hier erahnt, dass der vollendete Gerechte in der Welt der gekreuzigte Gerechte sein muss; es ist etwas geahnt von jener Offenbarung des Menschen, die sich am Kreuz zuträgt.

Dass der vollendete Gerechte, als er erschien, zum Gekreuzigten, von der Justiz dem Tod Ausgelieferten, wurde, das sagt uns nun schonungslos, wer der Mensch ist: So bist du, Mensch, dass du den Gerechten nicht ertragen kannst – dass der einfach Liebende zum Narren, zum Geschlagenen und zum Verstoßenen wird. So bist du, weil du als Ungerechter selbst immer die Ungerechtigkeit des andern brauchst, um dich entschuldigt zu fühlen, und also den Gerechten, der dir diese Entschuldigung zu nehmen scheint, nicht brauchen kannst. Das bist du. Johannes hat dies alles zusammengefasst in dem »Ecce homo« (»Siehe, das ist der Mensch!«) des Pilatus, das ganz grundsätzlich sagen will: So steht es um den Menschen. Dies ist der Mensch. Die Wahrheit des Menschen ist seine Wahrheitslosigkeit. Das Psalmwort, jeder Mensch sei ein Lügner (Ps 116,11), lebe irgendwo gegen die Wahrheit, enthüllt schon, wie es wirklich um den Menschen steht. Die Wahrheit des Menschen ist, dass er immer wieder gegen die Wahrheit anrennt; der gekreuzigte Gerechte ist so der dem Menschen hingehaltene Spiegel, in dem er unbeschönigt sich selber sieht. Aber das Kreuz offenbart nicht nur den Menschen, es offenbart auch Gott: So ist Gott, dass er bis in diesen Abgrund hinein sich mit dem Menschen identifiziert und dass er richtet, indem er rettet. Im Abgrund des menschlichen Versagens enthüllt sich der noch viel unerschöpflichere Abgrund der göttlichen Liebe. Das Kreuz ist so wahrhaft die Mitte der Offenbarung, einer Offenbarung, die nicht irgendwelche bisher unbekannten Sätze enthüllt, sondern uns, indem sie uns vor Gott und Gott in unserer Mitte offenbart.«[72]

Zu dieser Mitte der Offenbarung will die Siegessäule den Betrachtenden hinführen.

DIE KRYPTA –
ALLES HAT EINEN ANFANG

»Der Anfang geht immer mit!« Dieses Wort wird dem heiligen Augustinus zugeschrieben. Wer die Krypta, die nun nach der Renovierung auch wieder vom Mittelschiff aus begehbar ist, betritt, stößt auf den Anfang. Hier ist die Mitte des Hildesheimer Domes. Hier war das Ziel des Pilgerweges und der Ort, wo sich die Gnadenmuttergottes, vermutlich von Bischof Gerhard (1365–1398) im Gedenken an die erste Marienkapelle gestiftet wurde, befindet.[73]

Seit der letzten Sanierung des Domes befindet sich in der Stele, die die Muttergottes trägt, die sogenannte Lipsanothek. Es ist ein silbernes Marienreliquiar, das Kaiser Ludwig der Fromme dem ersten Bischof Gunther zur Bistumsgründung geschenkt hat. Schriftliche Hinweise im Mittelalter sagen aus, das darin Stoff- und Haarreliquien der Gottesmutter enthalten sind sowie ein Stück des Schweißtuches Jesu. Von seiner Gestalt lässt sich darauf schließen, dass es aus der Herrscherfamilie Karls des Großen stammen kann.

Um dieses Ursprungsreliquiar rankt sich ein ganzer Legendenkranz.

Kaiser Ludwig der Fromme, Sohn Karls des Großen, habe, aus Elze kommend, in den Wäldern jenseits der Leine mit seinem Hofstaat gejagt. An der Stelle des jetzigen Domes habe man innegehalten und der Hofkaplan habe im Freien eine Heilige Messe gefeiert. Es war guter Brauch, in dem Wunsch nach Schutz und Beistand, ein Reliquiar dabei zu haben. Und natürlich hatte ein Kaiser nicht irgendwelche Reliquien dabei, sondern wohl mit Bedacht die kostbarsten, die man sich denken kann. Am Ende des Tages habe der Hofkaplan gemerkt, dass er das Gottesmutterreliquiar vergessen hatte. Das Malheur war groß und man machte sich umgehend auf die Suche nach dem verloren gegangenen Heiligtum. Man fand es schließlich in dem Baum, in den es während der Messe neben den Altar gehängt worden war. Der überglückliche kaiserliche Kaplan musste mit Erschrecken feststellen, dass sich das Reliquiar nicht mehr aus dem Baum herauslösen ließ. Der Bericht darüber bewegte den Kaiser sehr. Er wertete das Ereignis als Gotteszeichen und ließ an dieser Stelle eine erste Marienkapelle bauen. Diese bildete den Ursprung des Bistums.[74]

Die Krypta, Ursprungsort des Bistums

Das Gründungsreliquiar

Diese erste Marienkapelle ist bei der Renovierung des Domes in den Fundamenten neu ausgegraben worden. An der Plattenverlegung ist nun in der Krypta die kleine Kapelle mit einer angebauten Apsis deutlich zu erkennen.

In der Ursprungsgeschichte aus dem 11. Jahrhundert ist noch von einem Baum die Rede, von dem das Reliquiar sich nicht mehr lösen lässt. 500 Jahre später hat man dann diesen Baum mit dem an der Apsis wachsenden Rosenstrauch gleichgesetzt. Seitdem sind die Lipsanothek mit dem sogenannten Tausendjährigen Rosenstock und dem Dom die identitätsstiftenden Zeichen des Bistums Hildesheim.

Was aber bedeutet eine solche Geschichte? Was bedeuten solche uralten Symbole, die ein Geheimnis vergangener Zeiten berühren und uns mit unserer Weltvorstellung von heute nur schwer erschließbar scheinen?

Von dem großen Schweizer Theologen des 20. Jahrhunderts Hans Urs von Balthasar (1905 – 1988) stammt die Weisheit:

> »*Alle Dinge kann man doppelt betrachten: Als Faktum und als Geheimnis*«

Um die Bistumsgründung von den Fakten her zu beurteilen, lassen sich noch ganz andere Hintergründe und geschichtliche Erkenntnisse zusammentragen. Was die Legende aber fiktiv umschreiben will, ist mehr das Geheimnis. Kirche ist nicht das Ergebnis von Fakten. Kirche lässt sich nicht einfach nur verstehen, wenn man geschichtliche Daten, geografische Gegebenheiten, politische und wirtschaftliche Plausibilitäten zusammenträgt, die zu einem bestimmten geschichtlichen Ereignis geführt haben.

Der frühere Trappistenmönch und geistliche Schriftsteller Bernardin Schellenberger beschreibt noch einen anderen Zugang für das Kirchenverständnis, das eher das Verständnis des Geheimnisses im Werden einer Kirche berührt:

> »*Es gibt die sichtbare Prozession der Kirche durch die Wüste und das Dickicht der Geschichte. An ihr kann man die Marschrichtung ablesen, und das ist unentbehrlich. Dahinter und daneben und voraus, und vielleicht ein ganzes Stück abseits davon, aber doch in die gleiche Richtung pilgern, wandern, eilen, humpeln, krabbeln sehr viele andere, gelegentlich abenteuerliche und faszinierende, ein bisschen raue Gestalten: Welcher Reichtum!*«[75]

Wenn ich manchmal allein nach Führungen in der Krypta vor dem Gründungsheiligtum und der Gnadenmadonna stehe und in dem dahinterliegenden Fenster den Wurzelstock des Rosenstockes sehe, dann denke ich sehr darüber nach, welche Menschen wohl am Anfang der Kirche von Hildesheim im Glauben an das Geheimnis Gottes hier an diesem Ort Kirche sein wollten. Vielleicht waren es wirklich »raue Gestalten«, aber es waren Menschen, die der Botschaft Jesu etwas zugetraut haben. Sicherlich waren es Menschen, deren Weltbild ganz anders war als das unsrige, deren Vorstellungen von einer heilen Welt sich von unseren unterschieden haben, deren Mühsal ums Überleben und deren Gestaltung des Alltags noch ganz andere Anstrengungen abverlangt haben, die wir so gar nicht kennen. Aber es waren Menschen wie wir, die ihre Hoffnung auf einen Gott gesetzt haben, der in der Liebe die Welt verwandeln will. Es waren Menschen wie wir, die einer größeren Macht vertraut haben, die sichtbar geworden ist in Jesus Christus. Und es waren Menschen wie wir, die immer wieder in das Geheimnis Gottes betend eintauchten und sich darum berufen fühlten, der Kirche in ihrer Zeit eine Gestalt zu geben.

Wären diese Menschen nicht gewesen, dann gäbe es heute den Dom in seiner Schönheit nicht. Es ist darum gut, wenn wir eine pilgernde Kirche bleiben, die auch heute hier und da erkennt, was Gott ihr an Hindernissen in den Weg legt, damit wir seine geheimnisvolle Gegenwart in unserer Zeit je neu entdecken und erfahren.

DIE TINTENFASSMADONNA – EINE MUTTER MIT EINEM SCHREIBENDEN KIND

Die Tintenfassmadonna, die aus der ersten Hälfte des 15. Jahrhunderts stammt, kann ebenfalls auf eine bewegte Geschichte zurückblicken. Der Überlieferung nach soll sie für den Kapitelsaal des Domkapitels gefertigt worden sein und gelangte nach weiteren Stationen schließlich vor dem Zweiten Weltkrieg in das Nordquerhaus des Domes. Nach dem Krieg schaute sie vom südwestlichen Vierungspfeiler auf die Gemeinde herab, jetzt nach der Sanierung hat sie ihren Platz am gegenüberliegenden nordöstlichen Pfeiler gefunden.

Während der Domsanierung 2010–2014 wurde sie so restauriert, dass heute eine barocke Farbfassung die mittelalterliche Schnitzarbeit prägt. Fünf verschiedene Farbschichten waren aufgetragen, sodass sich auch das farbliche Bild dieser beeindruckenden Holzfigur immer wieder verändert hat. Die gotisch übliche gebogene S-Form der Körperhaltung, der fließende, ausladende blaue mit Gold abgesetzte Mantel, die sanft erhobene rechte Hand mit dem Tintenfass, der andächtige versunkene Blick an dem Kind vorbei, die mächtige goldene Krone und das schreibende Jesuskind auf dem linken Arm: Sie geben dieser Figur eine eigene Anmut, Erhabenheit und Schönheit.

Immer wieder hat es ein Nachdenken darüber gegeben, was das Jesuskind mit der Feder in die Schriftrolle einträgt, die bis zu seinen Füßen ausgerollt ist.

Dass das Jesuskind unter der Anweisung der Mutter hier Schreiben lernt, ist als Deutung der Figur, die aus einer ganz bestimmten Frömmigkeitshaltung heraus geschaffen wurde, zu flach.

Es geht bei Maria und dem Kind um mehr. Durch alle Jahrhunderte hat die Kirche immer aufs Neue darum gerungen, welche Rolle der Gottesmutter in der Erlösungsgeschichte zufällt. Das II. Vatikanische Konzil hat in den letzten Kapiteln der dogmatischen Konstitution über die Kirche (Lumen gentium) auf diese Frage geantwortet:

> »*Schon seit ältester Zeit wird die selige Jungfrau unter dem Titel der ›Gottesgebärerin‹ verehrt, unter deren Schutz die Gläubigen in allen Gefahren und Nöten bittend Zuflucht nehmen.*

Die Tintenfassmadonna

Vor allem seit der Synode von Ephesus ist die Verehrung des Gottesvolkes gegenüber Maria wunderbar gewachsen in Verehrung und Liebe, in Anrufung und Nachahmung, gemäß ihren eigenen prophetischen Worten: ›Selig werden mich preisen alle Geschlechter, da mir Großes getan hat, der da mächtig ist‹ (Lk 1,48). Dieser Kult, wie er immer in der Kirche bestand, ist zwar durchaus einzigartig, unterscheidet sich aber wesentlich vom Kult der Anbetung, der dem menschgewordenen Wort gleich wie dem Vater und dem Heiligen Geist dargebracht wird, und er fördert diesen gar sehr.

Alle Christgläubigen mögen inständig zur Mutter Gottes und Mutter der Menschen flehen, dass sie, die den Anfängen der Kirche mit ihren Gebeten zur Seite stand, auch jetzt, im Himmel über alle Seligen und Engel erhöht, in Gemeinschaft mit allen Heiligen bei ihrem Sohn Fürbitte einlege, bis alle Völkerfamilien, mögen sie den christlichen Ehrennamen tragen oder ihren Erlöser noch nicht kennen, in Friede und Eintracht glückselig zum einen Gottesvolk versammelt werden, zur Ehre der heiligsten und ungeteilten Dreifaltigkeit.«[76]

Maria ist in der Gebetstradition unsere Kirche die Angerufene, die Fürbitterin, die beim Sohn für uns stellvertretend eintritt. Sie ist es, weil sie das Vorbild des Glaubens und der Nachfolge ist. In Maria begegnet uns die »personifizierte Summe des Evangeliums«[77]. Sie ist mit ihrem Sohn einen langen Weg gegangen. Sie ist in der Nachfolge Lernende geblieben. Sie hat am Ende unter dem Kreuz ausgehalten und somit zu ihrem Sohn bis in der letzten Stunde gestanden. Darum ist die Erlösung, die Christus durch Tod und Auferstehung erwirkt hat, bei ihr nicht etwas Abstraktes und Ideelles, sondern sie verdichtet sich konkret im Leben dieser Frau aus Nazareth, die ganz aus Gottes Wort gelebt hat.

Maria trägt in der Hand ein Tintenfass, das sie dem Jesuskind hinhält, damit dieser mit dem Federkiel auf ein Schriftband schreiben kann. Immer wieder haben Menschen dieses Bild unterschiedlich interpretiert. Was schreibt Jesus auf das Schriftband? Warum diese Darstellung?

Ein Wort aus dem ersten Korintherbrief hat mich immer tief berührt, sodass ich es mir als Leitgedanken für meine Priester– und Bischofsweihe gewählt habe: »Wir verkünden Christus als den Gekreuzigten: für Juden ein Ärgernis, für Heiden eine Torheit, für die Berufenen aber, Juden wie Griechen, Christus, Gottes Kraft und Gottes Weisheit. Denn das Törichte an Gott ist weiser als die Menschen und das Schwache an Gott ist stärker als die Menschen.« (1 Kor 1,23) In Jesus ist uns die Weisheit Gottes erschienen. Durch Jesus können wir erkennen, wie Gott es mit der Welt meint. In Jesus zeigt sich, was Gott mit der Welt vorhat. Darum haben wir Grund zur Hoffnung. In Christus wächst das Vertrauen, dass Gott diese Welt niemals fallen lässt. Und durch Jesus kommt in den Blick, dass Gott uns jenseits des Todes schon im Buch des Lebens aufgeschrieben hat. Denn, so schreibt der Kolosserbrief: »Er hat den Schuldschein, der gegen uns sprach, durchgestrichen und seine Forderungen, die uns anklagten, aufgehoben. Er hat ihn dadurch getilgt, dass er ihn an das Kreuz geheftet hat« (Kol 2,14). Ob der Künstler, der die Tintenfassmadonna aus Harzer-Holz geschnitzt hat, an all das gedacht hat?

Wie auch immer: Mich berührt zutiefst, wie Maria ihren Sohn in ihr Herz aufgenommen hat. So wenig uns auch in den Evangelien von ihr berichtet wird, eines steht im Vordergrund: Maria vertraute ihrem Sohn Jesus, manchmal fragend und zweifelnd, dann aber treu und verlässlich bleibt sie in der Liebe. Das wird unmissverständlich darin deutlich, wie Maria den Weg Jesu bis unter das Kreuz mitgeht. Auf diesem Weg lernt Maria, sich Schritt für Schritt ganz und gar Gott anzuvertrauen. Dadurch wird sie zum Bild der Glaubenden, zum Bild für die Kirche.

Karl Rahner beschreibt diesen Zusammenhang zwischen Maria und ihrer Bedeutung für die Kirche in bewegenden Worten:

> *» Das Ergebnis der Heilsgeschichte ist die Erlösung. Wir können uns nun fragen: ist die Idee des erlösten, des neuen, sündelosen, in Gottes inniges Leben eingegliederten Menschen nur ein abstraktes Ideal oder kommt ihre Verwirklichung bei uns vor? Darauf ist zu sagen, dass sie keineswegs eine bloß asymptotisch erreichbare Norm darstellt, sondern in einem ganz bestimmten Fall verwirklicht ist. Wenn wir danach Ausschau halten, was wir sein sollen, brauchen wir uns nicht mit einem abstrakten Bild abzufinden. Im Reich des lebendigen Gottes sind die Ideale keine bloß allgemeinen Postulate, sondern so wie Gott selbst ganz konkrete Personen. Das verwirklichte Ideal des absolut erlösten, sündelosen, ganz heiligen, Gott hingegebenen, vollendeten Menschen finden wir in der gebenedeiten Jungfrau und Mutter unseres Herrn Jesus Christus.«*[78]

In der einfachen Frömmigkeit des Volkes Gottes gibt es dieses kirchliche Glaubenswissen: In Maria steht uns die erlöste, sündenlose und sich Gott hingebende Frau an der Seite. Als eine von uns hat sie in der Nachfolge ihres Sohnes sein Wort des Heils aufgenommen und angenommen, sichtbar gelebt. In der Solidargemeinschaft mit uns ist sie darum jene, die in den Nöten und Sorgen der Zeit angesprochen und angerufen werden kann und die in der fürbittenden Haltung uns, die wir sie anrufen, ihrem Sohn empfiehlt.

In einem der meistgebeteten Mariengebete heißt es darum:

> *Versöhne uns mit deinem Sohne,*
> *empfiehl uns deinem Sohne,*
> *stelle uns vor deinem Sohne.*[79]

Die Tintenfassmadonna lädt ein, so zu beten und ihre Fürbitte lässt uns vertrauen, dass wir im Buch des Lebens eingeschrieben sind.

DIE MITTELALTERLICHEN SCHREINE – RELIQUIE FÜR DAS LEBEN

Reliquien hatten in der Geschichte des Christentums einmal Hochkonjunktur. Auch der Dom bewahrt noch eine Vielzahl von Reliquien auf, die in den vergangenen Jahrhunderten gesammelt wurden. Allerdings stößt heute die Reliquienverehrung auf Skepsis und viele Fragen. Schließlich hat der Missbrauch mit ihnen eine Reformation ausgelöst, deren Folgen wir alle heute noch spüren. Darum geht die Kirche heute vorsichtiger mit dem Thema um.

Es gab in der Vergangenheit in unserer Kirche auch manche Umgangsweisen mit Reliquien, die weniger an einen echten Glauben erinnern als mehr an Magie und Zauberei.

Dass ein solches magisches Denken und Verhalten auch in unseren Tagen keineswegs überwunden ist, zeigt die Tatsache, dass einer eine Menge Geld ausgibt, wenn er das Trikot eines berühmten Fußballspielers erwerben will.

Der säkulare Reliquienkult ist verbreiteter als wir denken. Jeder von uns hat Reliquien. Die Uhr, die ich in einer eigenen Schachtel aufbewahre, habe ich von meinem geliebten Großvater zur Ersten Heiligen Kommunion geschenkt bekommen. Sie funktioniert nicht mehr. Nie würde ich sie entsorgen und schon gar nicht verkaufen.

Es gibt Gegenstände, die uns erinnern. Die uns mit Personen in Berührung bringen. Solche Berührungen verändern uns und halten uns am Leben, weil sie uns zum Nachleben anstoßen und damit gleichzeitig zu einem eigenständigen Leben ermutigen.

Der brasilianische Theologe Leonardo Boff (*1938) erzählt einmal, wie er eines Tages einen Brief aus seiner Heimat bekommt: Sein Vater sei plötzlich gestorben. Er entdeckt im Briefumschlag einen kleinen Zigarettenstummel – den Rest der letzten Zigarette, die der Vater geraucht hat. Leonardo Boff schreibt:

> »*Von diesem Augenblick an ist der Zigarettenstummel kein einfacher Zigarettenstummel mehr. Denn er wurde zu einem Sakrament (ich ergänze, zu einer Reliquie): (Er) lebt, spricht vom Leben und begleitet mein Leben. (…) Mein geistiges Auge sieht die väterliche Gestalt vor sich, wie sie (…) den Tabak rollt, das Feuerzeug anzündet, lang an der Zigarette zieht, (…) Zeitung liest bis tief in die Nacht hinein, im Büro arbeitet und dabei raucht (…) und raucht.*«[80]

Cäcilienkapelle mit Büstenrequiliar, darüber die Wandnische mit dem Epiphaniusschrein

Diese einfühlsame Erzählung des lateinamerikanischen Theologen verschafft mir einen guten Zugang zu dem, was die Kirche mit der Verehrung von Reliquien meint: Reliquien in der katholischen Kirche sollen uns in Berührung mit Menschen bringen, die den Glauben gelebt haben, die in besonderer Weise Zeuginnen und Zeugen des Glaubens waren und die uns mit ihrem Zeugnis anstoßen auf eine Zukunft hin, die mehr vom Evangelium geprägt und gestaltet ist.

Der ehemalige Studentenseelsorger von Aachen, Christoph Stender, hat das in einem Gedicht zum Ausdruck gebracht:

> *zurückgelassen für die zukunft*
> *Reliquien tragen der Zukunft hinterher*
> *was gestern auf das Schöne, Gute und Gläubige reduziert*
> *vorgestern ein Mensch war*
> *der zurück ließ*
> *was Menschen heute*
> *als Schatz in ihren Herzen bergen*
> *um sich so zu verneigen*
> *vor Überresten*
> *die all das nicht mehr sind*
> *was sie zu sein auch nie vorgaben*
> *Reliquien aber machen nicht traurig*
> *die Visionslosigkeit der Menschen heute*
> *Reliquien nicht mehr nötig zu haben*
> *macht traurig*
> *weil der Mensch vergessen hat:*
> *Verehrung deutet Leben*
> *das in der Verneigung die Gegenwart überdauert*
> *und so des Menschen Blick weitet:*
>
> *Reliquie für die Zukunft zu sein*[81]

600 Beutel mit Reliquien haben lange vergessen in dem alten Hochaltar unseres Domes gelegen und wurden auf abenteuerliche Weise nach dem zweiten Weltkrieg in Schutt und Asche wiedergefunden. Dass der großartige Fund in den anschließenden Jahren fast wieder verloren gegangen wäre, macht die veränderte Haltung zu Reliquien in unserer Zeit sehr deutlich.

Nunmehr sind sie in der Nähe des neuen Rückriem-Altares in einer kleinen Reliquienkammer zwischen Chorraum und dem Schrein der Bistumsheiligen würdig aufbewahrt. Diese Reliquien erinnern daran, welche Bedeutung die Heiligen im Glaubensleben unserer Vorfahren gehabt haben und mit welcher Glaubenssehnsucht viele Pilger über Jahrhunderte darum den Dom als Ort der Transzendenz, als Ort der Berührung mit dem Heiligen aufgesucht haben, um selbst mehr zu guten Menschen zu werden.

In einem Gebet aus dem Mittelalter heißt es:

> »*Gib unserem Herzen das unauslöschliche Gefühl Deiner Gegenwart, damit wir, die wir ohne Dich nichts vermögen, durch den ständigen Umgang mit Dir zu guten Menschen gebildet werden.*«

Was hier direkt von Gott gesagt wird, lässt auch den Umgang mit Reliquien verstehen: durch den Umgang mit heiligen Menschen zu guten Menschen gebildet werden. Durch den Umgang mit Reliquien, mit »Überbleibseln« von Heiligen, selbst zu einer Reliquie für die Zukunft zu werden. Darum muss es auch heute gehen.

Die 1945 im zerstörten Dom im Hochaltar geborgenen 600 Reliquienpäckchen sind ein einmaliger Bestand in ganz Europa. Dieser Bestand gibt Zeugnis von der gefeierten Liturgie und den Kulttraditionen des Domes, also von dem gelebten Glauben der Generationen, in deren Nachfolge wir heute stehen. Die in dieser Weise vorbildlich aufgearbeitete gleichgewichtige Verknüpfung des Fundes mit dem Altar macht überhaupt erst die Bedeutung der Reliquien begreifbar. Seit frühchristlicher Zeit sind die Gebeine der Heiligen im Altar das Unterpfand für die reale Verbindung Gottes mit den Menschen. Sie wurden zunächst verborgen aufbewahrt, später dann auch sichtbar auf dem Altar präsentiert. Viel kann man daraus im Hinblick auf die Veränderung der Frömmigkeit und der liturgischen Praxis ableiten, die mit dem lebendigen kirchlichen Leben einhergehen.

DER SCHREIN DES HEILIGEN GODEHARD

Heute befinden sich im Altar des Domes keine Reliquien. Der Schrein des heiligen Godehards unter dem Altar hat jetzt diese Funktion.

Zusammen mit dem Schrein der Bistumsheiligen – oder auch Epiphaniusschrein genannt (s. u.) – haben wir in unserem Dom zwei der bedeutendsten Schreine des Mittelalters in einer unglaublich schönen und filigranen Goldschmiedekunst.

Godehard wurde 1133 heiliggesprochen. Seine seelsorgliche Nähe zu den Menschen, seine mönchische authentische Frömmigkeit, seine besonnene und doch klare Art,

Der Godehardschrein

das Bistum zu leiten, seine Kontaktfreudigkeit und Menschenfreundlichkeit hatten ihn unter dem Volk zu einem sehr beliebten Bischof gemacht.

Der Godehardschrein entstand um 1140. Damit gehört er zu den ältesten des Mittelalters. Er ist wie ein prächtiger Palast gestaltet und steht über dem Grab des Heiligen. Sein Eichenholzkern ist mit vergoldeten Silberplatten bedeckt und mit Figuren sowie Edelsteinen geschmückt. Es gibt gute Gründe anzunehmen, dass er aus einer Hildesheimer Goldschmiedewerkstatt im 12. Jahrhundert stammt, die mit den Werkstätten des Kloster Helmarshausen in Verbindung gebracht werden kann.

Auf der Vorderseite finden sich der thronende Christus, daneben die Gottesmutter Maria und Johannes der Täufer. An der Langseite des Schreins sind die in Rundbögen sitzenden Apostel, mit kostbaren Edelsteinen geschmückt. Die andere Stirnseite zeigt den Heiligen selbst, mit Bischof Bernhard, dem die Verehrung des großen Bischofs am Herzen lag und der darum auch der Bauherr der nicht weit vom Dom entfernten St.-Godehard-Kirche ist. Auf der anderen Seite neben dem Heiligen ein nicht benannter Papst, wohl Innozenz II., der die Heiligsprechung Godehards vornahm.

Der Schrein der Bistumspatrone oder Epiphaniusschrein

Mit dem bislang unbekannten Kleriker zur Linken Godehards könnte allerdings auch jener Hermann aus Thüringen gemeint sein, dem der Godehardkult im Dom nachweislich entscheidende Impulse verdankt.[82]

Die Reliquien des heiligen Godehards sind die Reliquien des Altares. Gleichzeitig steht der goldene Sarkophag auf der Schwelle der neu geschaffenen Gruft, in der die letzten drei Bischöfe bestattet wurden. Auch zukünftig werden die Bischöfe von Hildesheim dort bestattet werden. Die Fürbitte des großen Hildesheimer Heiligen wird dann bei allen Begräbnisfeiern angerufen werden.

DIE DOMHEILIGEN UND DER HEILIGE EPIPHANIUS

Am 1. November, dem Allerheiligentag des Jahres 872, weihte Bischof Altfrid den ersten Dom ein. Mehrere Dompatrone werden seitdem verehrt und in dem Schrein aufbewahrt, der im Nordquerhaus in einer oberen Nische nach der Domsanie-

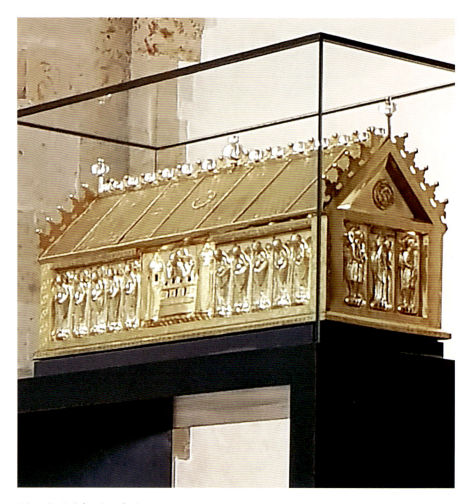

Stirnseite Epiphaniusschrein

rung seinen neuen Ort gefunden hat. Er stammt aus derselben Werkstatt wie der Godehardschrein. Nach dem Zweiten Weltkrieg wurde er 50 Jahre lang sichtbar für das Volk Gottes unter dem Hauptaltar aufbewahrt. Zu den Dompatronen gehören Cäcilia und ihre Gefährten, Tiburtius und Valerianus sowie die heiligen Cosmas und Damian. Des Weiteren kommen hinzu: Pankratius und Cantius, Cantianus und Cantianilla († um 290), drei christliche Geschwister aus der Familie der Anicier, die in der diokletianischen Christenverfolgung das Martyrium erlitten.

Allerdings war es für die Gläubigen des Mittelalters mehr als schmerzlich, dass sie keinen konkreten, einzelnen Heiligen im Dom verehren konnten.

Als dann Bischof Othwin von der Kaiserkrönung Otto II. von Rom zurückkehrte, raubte *Thangward*, der Sekretär von Othwin, nach Vorbereitung von Fasten und Gebet (!) in der Nacht zum 22. November 961, dem Fest der heiligen Cäcilia, die Gebeine des heiligen Epiphanius aus dem Dom zu Pavia. Othwin sorgte dafür, dass der Leib des heiligen Epiphanius in seine Domkirche kam, deren erster Nebenpatron seitdem der Heilige aus Pavia ist. Epiphanius war ab 466 Bischof in seiner Heimatstadt Pavia, gerühmt als »Licht und Vater der Bischöfe«.

Der kunstvoll im 12. Jahrhundert für Epiphanius und die Domheiligen hergestellte Schrein ist aus Eichenholz gefertigt, das mit vergoldetem Silber beschlagen ist. An den Seiten des Schreins befinden sich figürliche Treibarbeiten, die Körper im Halbrelief und die Köpfe voll ausgeformt. Die eine Langseite zeigt das Gleichnis von den fünf törichten und fünf klugen Jungfrauen (Mt 25,1–13), während auf der gegenüberliegenden Seite das Gleichnis von dem Herrn abgebildet ist, der seinen Knechten verschiedene Talente zur Verwaltung übergibt, um sie anschließend mit Gewinn wieder einzufordern (Mt,25,14–30). Auf der einen Stirnseite ist der heilige Bischof Epiphanius dargestellt mit Krümme und Mitra, daneben wohl die beiden Heiligen Cosmas und Damian. Auf der gegenüberliegenden Stirnseite drei Heilige, deren Ikonographie darauf schließen lässt, dass es sich hier um Cantius, Cantianilla und Cantianus handelt.

Die hohe Verehrung der Heiligen im Dom zu Hildesheim – dazu gehört dann auch die Verehrung des heiligen Bernward, die allerdings erst später größere Bedeutung gewann und die heute ihren Ausdruck findet in dem Kopfreliquiar des Heiligen im Südquerhaus – repräsentiert die gewachsene Geschichte des Domes und die tiefe, die Jahrhunderte überdauernde Glaubensüberzeugung, dass die Berührung mit dem Heiligen uns Segen und damit Zukunft schenkt. Nichts anderes will der Umgang und die Verehrung von Reliquien bezwecken: Die unterschiedlichen Reliquien schaffen eine geistliche und emotionale Verbindung zum Heiligen, wodurch der Glaube gestärkt werde: »Gott tritt in Tuchfühlung mit uns – und wir treten mit Gott in Berührung«.

DIE BISCHOFSGRUFT – DER TOD WIRD GEWANDELT

In den meisten Domkirchen befindet sich eine Bischofsgruft für die Bestattung der jeweiligen Ortsbischöfe. Es ist bis heute eine uralte Tradition, dass die Bischöfe in ihren Kathedralen bestattet werden. Weil es im Hildesheimer Dom keine eigene Gruft für die Bestattung der Bischöfe gab, fanden sie im Hauptschiff, in den Nebenschiffen und in den Seitenkapellen des Domes ihre letzte Ruhe. Bei der Sanierung des Domes (2010–2014) wurde diese Gräber im Dom durch ein Kreuz auf der darüberliegenden Steinplatte sichtbar gemacht.

Die große Sanierung der Hildesheimer Kathedralkirche eröffnete die einmalige Chance, einen ganz neuen Ort zu schaffen, an dem die zukünftigen Hildesheimer Bischöfe bestattet werden können. So entstand eine eigene Gruft in der westlichen Verlängerung der Krypta, vor deren Eingang der Sarkophag des heiligen Godehard steht.

Die bauliche Umsetzung der neuen und würdigen Grablege für die Bischöfe von Hildesheim war eine besondere konstruktive und technische Herausforderung.

Dabei war es wichtig, diesen Ort vor allem in die räumlichen und liturgischen Bezüge einzubeziehen. Die Lage unter dem Mittelschiff und der Zugang über die Krypta, die unmittelbare Nähe zum Ursprungsort des Bistums und der Öffnung in der Achse zum Sarkophag des heiligen Godehard, haben einen Ort geschaffen, der zur Andacht sowie zur Stille einlädt und für die beten lässt, die hier als Bischöfe ihre letzte Ruhe gefunden haben.

In der Mitte des Raumes befindet sich ein mittelalterliches Grab. Es lässt sich nicht mehr genau bestimmen, wer hier bestattet wurde, doch wohl einer der ersten Bischöfe des Bistums. Dieses Grab wurde bei den Ausgrabungen für die Gruft gefunden und dann in die Gesamtkonzeption der neuen Grablegung mit einbezogen.

Blickfang des Raumes ist allerdings ein Kruzifix aus dem 12. Jahrhundert, das sogenannte Wandelkreuz.

Die Bischofsgruft

> *Da nun Jesus den Essig genommen hatte, sprach er: Es ist vollbracht! und neigte das Haupt und verschied.« (Joh 19.30)*

Der Künstler des Hildesheimer Wandelkreuzes hatte wohl bei seiner Gestaltung diese Szene aus der Passionsgeschichte des Johannes vor Augen. Hier ist kein König dargestellt. Es ist keine göttliche Erhabenheit erkennbar. Mit vier Nägeln ist Jesus am Kreuz angeheftet. Seine Beine sind dürr, als hätten sie keine Muskulatur mehr. Die übergroßen Füße werden durch kräftige Nägel durchbohrt. Sein Körper erscheint ausgemergelt und gezeichnet.

Die Hände sind auf Kopfhöhe am Querbalken angenagelt. Das macht noch offensichtlicher, wie Jesus am Kreuz qualvoll »durchhängt«! Der Kopf fällt leicht auf die Brust. Die Augen sind noch offen. Das Gesicht ist geprägt durch eine »andächtige« Mimik. Es ist so, als wäre Jesus nicht mehr hier.

> *Er neigte das Haupt und übergab den Geist.« (Joh 19, 30 b)*

Hier wird erkennbar, wie im Vergleich zu frühen romanischen Kreuzesdarstellungen mehr das Leid und die Qual des Todes den Betrachtenden berühren soll. Der leidende Christus kommt dabei mehr in den Blick. Das eigene Leid und die eigene Todverfangenheit werden so in seine Leiden zurückgebunden.

Bis heute wird das Wandelkreuz in der Liturgie des Karfreitags den Gläubigen beim Gottesdienst gezeigt und zur Verehrung aufgestellt. Das hat eine ganz lange Tradition in der Geschichte der Kathedrale des Bistums.

Der Hildesheimer Dombibliothekar und Historiker Johann Michael Krätz (1807–1885), dem wir u. a. eine umfassende Geschichte des Hildesheimer Domes verdanken, erinnert daran:

> *Warum man dieses Crucifix mit dem Namen ›Wandelkreuz‹ bezeichnet, wie in alten Urkunden und archivalischen Handschriften gelesen wird, lässt sich nicht mit Bestimmtheit angeben; am wahrscheinlichsten scheint es mir, dass jene Benennung davon herrührt, weil dasselbe jährlich am Charfreitage ins heilige Grab, und am Ostermorgen in die Gruft zurückgetragen wird. Übrigens will eine mündliche, noch bis auf den gegenwärtigen Tag fortlebende frommgläubige Volkssage jene Benennung daher leiten, dass, wenn das Kreuz nicht zur bestimmten Zeit – drei Uhr des Morgens – aufgenommen würde, es von selbst nach seinem vorigen Standorte seinen Weg wandele, wie dieses auch einmal geschehen sein soll.«*[83]

Das Wandelkreuz

Wie auch immer der Hintergrund dieser Sage war: Es bleibt berührend, dass dieses Kreuz über Jahrhunderte eine tiefe Bedeutung während der Karfreitagsliturgie hat. Wenn in der Liturgie das Kreuz den Gottesdienstbesuchenden gezeigt wird, singt der Diakon oder Priester:

> *Seht das Kreuz, an dem der Herr gehangen, das Heil der Welt!«*

Und das Volk antwortet:

> *Kommt, lasset uns anbeten.«*

> *Ecce lignum Crucis, in quo salus mundi pependit. Venite, adoremus.«*

Mich berührt immer wieder diese einfache, zugleich zentrale liturgische Handlung der Verehrung des Kreuzes. Jeder Einzelne tritt an dieses Kreuz, macht eine Kniebeuge oder küsst dabei den gemarterten Herrn, und schaut dabei in das Gesicht Jesu, in dessen Augen dieses »Es ist vollbracht!« noch leuchtet.

Der Altabt der Benediktinerabtei Niederalttaich, Emmanuel Jungclausen OSB, fragt einmal nach der Bedeutung des Kreuzes, fragt, worin das Heil des Kreuzes zu finden ist:

> *Wie wird mein Kreuz Christi Kreuz und wie wird Christi Kreuz mein Kreuz? Wie verbindet sich beides? Wie wird mein Alltag zur Teilhabe am Kreuz Christi? Wie kann ich Anteil nehmen am Leiden Christi? Ein großer Meister des geistlichen Lebens, der hl. Benedikt, gibt darauf eine ganz einfache und gerade darum so schwer zu befolgende Antwort: »Durch die Geduld!« Geduld ist in der Benediktregel ein Grundwort für den Weg zu Christus und mit Christus. Durch die Geduld haben wir Anteil am Leiden Christi, um so auch Anteil zu erhalten an seiner Herrlichkeit. Der österliche Weg ist der Weg der Geduld. Benedikt wird nicht müde, das Hohelied der Geduld zu singen. Einmal (im 7. Kapitel) erreicht es einen geradezu mystischen Klang: »In allen Widrigkeiten«, ja in allem Unrecht, »soll der Mönch bewusst schweigend die Geduld umarmen.« Die Geduld ist die Braut des Mönches und jedes Menschen auf dem Weg des geistlichen Lebens, die ihn zu Christus führt, um mit dem Kreuz Christi und damit mit dem Gekreuzigten selbst, der immer auch der Auferstandene ist, eins zu werden. Geduld wird nur dort zu dieser Erfahrung, wo sie auch Unrecht erträgt und auf diese Weise die Feindesliebe mit einschließt.*

Am Schluss der Regel kommt Benedikt noch einmal auf diese Geduld zu sprechen: »Die Mönche sollen ihre leiblichen und charakterlichen Schwächen gegenseitig mit größter Geduld ertragen.« Man kann aber auch übersetzen: »Sie sollen ihre eigenen Schwächen mit größter Geduld ertragen.« Mit sich selbst Geduld haben, sich selbst ertragen, das ist vielleicht die tiefste Gnade, die vom Kreuz Christi in unser Leben strömt. Was ist das Kreuz? Darauf gibt es eine ganz einfache Antwort: Das Kreuz ist die Geduld Gottes mit uns Menschen.«[84]

Das Kreuz offenbart die Geduld Gottes mit uns Menschen. Das Kreuz ist Symbol dafür, dass Gottes Geduld mit uns Menschen kein Ende kennt. Das Kreuz ist das Zeichen, wie Gott es in seiner Liebe zu uns Menschen meint.

Paulus nimmt im Römerbrief auf das Kreuz Bezug, wenn er fragt und antwortet:

> *Was kann uns scheiden von der Liebe Christi? Bedrängnis oder Not oder Verfolgung, Hunger oder Kälte, Gefahr oder Schwert? Wie geschrieben steht: Um deinetwillen sind wir den ganzen Tag dem Tod ausgesetzt; wir werden behandelt wie Schafe, die man zum Schlachten bestimmt hat. Doch in alldem tragen wir einen glänzenden Sieg davon durch den, der uns geliebt hat. Denn ich bin gewiss: Weder Tod noch Leben, weder Engel noch Mächte, weder Gegenwärtiges noch Zukünftiges noch Gewalten, weder Höhe oder Tiefe noch irgendeine andere Kreatur können uns scheiden von der Liebe Gottes, die in Christus Jesus ist, unserem Herrn.« (Röm 8,34–39)*

Der gekreuzigte Christus offenbart in seinem Tod: Gott wendet sich nicht ab. Er bleibt. Er bleibt mit seiner Liebe. Darum bleibt er auch mit seiner Geduld. Darum können wir im Zeichen des Kreuzes immer wieder neu beginnen. Wir können nie tiefer fallen als in diese Liebe Gottes, die im Sterben Jesu am Kreuz sich nicht verflüchtigt hat, sondern allen gilt, da er für alle gestorben ist und damit selbst für den, der ihn verraten hatte.

> *Die Frucht des Kreuzes ist die Geduld«,*

sagt der Kirchenlehrer Irenäus von Lyon (135–200). Oder in einem modernen Kanon heißt es:

> *Im Anschauen in dein Antlitz, im Anschauen in dein Antlitz, da werden wir verwandelt, da werden wir verwandelt in dein Bild.«*

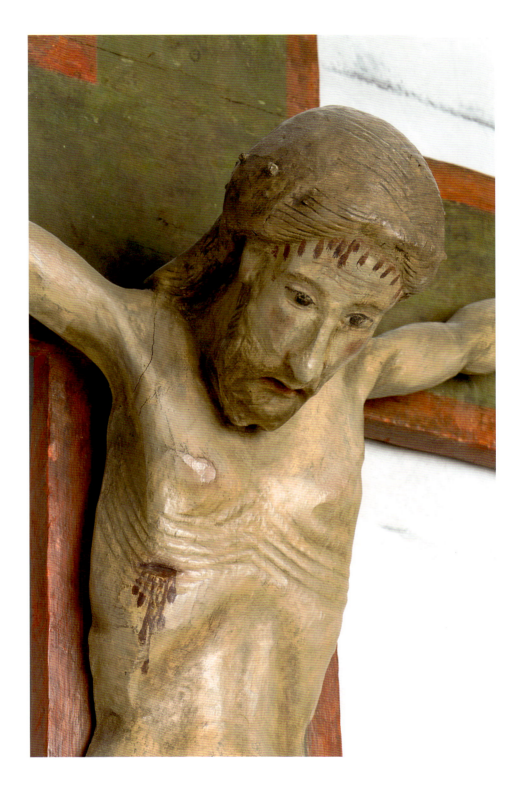

Das Wandelkreuz an der Stirnseite unserer neuen Bischofsgruft lässt uns hoffen: Im Anschauen seines Bildes werden unsere Verstorbenen, werden unsere verstorbenen Bischöfe, verwandelt in sein Bild, das Ewigkeit schenkt.

Wandelkreuz, Antlitz Christi

Die Seitenkapellen auf der Südseite

DIE SEITENKAPELLEN – EIN KRANZ DES GLAUBENS

Um 1400 wird erneut in die Bausubstanz des Domes eingegriffen und damit der innere Raumeindruck der Kathedrale merklich verändert. Der Dom wird durch gotische Seitenkapellen erweitert. Es ist interessant, dass diese bauliche Veränderung nicht vorrangig in Angriff genommen wurde, um das Platzangebot für die Gottesdienste zu vergrößern. Vielmehr sollten hier zum einen »stille« Kapellen entstehen, in denen Raum für die persönliche Frömmigkeit möglich wurde. Eine Bischofskirche ist immer auch ein Ort der Wallfahrt. Es kommen viele Pilger, die das stille Gebet und die persönliche Betrachtung suchen.

Zum anderen war durch den Kapellenkranz die Möglichkeit geschaffen worden, dass die um die Domkirche wohnenden Geistlichen an den verschiedenen Altären das Messopfer feiern konnten. Schließlich war bis 1803 das Hildesheimer Domkapitel eines der zahlenmäßig größten in Deutschland.

Für welche dieser beiden Gründe auch immer man sich entscheidet: An der Nord- und Südseite der romanischen Basilika entsteht ein gotischer Kranz von Kapellen, in denen durch die Jahrhunderte hindurch mit veränderten künstlerischen Gestaltungen Menschen zur persönlichen Betrachtung und zum Gebet eingeladen werden.

Nach der Sanierung der Domkirche (2010–2014) sind in diesem Sinne noch einmal neu Orte entstanden, an denen die theologische Grundaussage des Domes in einzelnen Aspekten weiter entfaltet wird.

Die auf der Südseite gelegenen Kapellen sind in diesem Sinne so gestaltet, dass sie an die Grundhaltungen des Glaubens erinnern. In der ersten Kapelle im Südwesten, sie trägt den Namen der heiligen Barbara, befindet sich ein fast komplett erhaltener Barockaltar aus dem Vorkriegsdom. Das Altarbild ist umrandet mit Szenen aus dem Leben der heiligen Barbara. Auf dem Altarbild die Aufnahme Mariens in den Himmel, darüber der Heilige Geist, der aus einer Wolke hervorkommt, die für das Geheimnis Gottes steht. In der unteren Hälfte des Bildes ist der kniende Stifter zu sehen: Bischof Jobst Edmund von Brabeck (1868–1702).

> *Geht mit den Heiligen, denn wer mit ihnen geht, wird heilig«,*[85]

schreibt Papst Clemens, der dritte Nachfolger des Heiligen Petrus an seine Gemeinde in Rom. Die ganze inhaltliche Ausrichtung unseres Domes will den Glauben stärken, dass wir in der Nachfolge Jesu nicht im Leben behindert werden oder zu kurz kommen, sondern dass wir an der Fülle des göttlichen Lebens hier und jetzt bereits teilhaben. Diese Fülle wird uns dann in der Ewigkeit für immer zugesprochen werden. Heiligsein ist darum nicht die Ausstattung mit einem »göttlichen Ehrenorden«, sondern Teilhabe am Leben Gottes. Nur dadurch werden wir an Leib und Seele »heil«. Wer darum weiß, kniet nieder, sucht in der betenden Betrachtung Gemeinschaft mit denen, die uns bereits vorausgegangen sind und in der Gnade gelebt haben. Durch eine auf diese Weise zustande kommende himmlische Gemeinschaft werden wir in die Verheißung des Himmels hineingezogen.

Die sich anschließende Kapelle ist dem heiligen Anastasius und dem heiligen Vincentius geweiht. In ihr sind der Prophet Jesaja und der Apostel Philippus als Alabasterfiguren, die Johann Friedrich Ziesenis (1715–1785) geschaffen hat, aufgestellt. Sie standen ursprünglich auf dem Altar in der alten Taufkapelle.

Beide Figuren erinnern an die Geschichte der Taufe des äthiopischen Jerusalempilgers in der Apostelgeschichte (Apg 8,26–40). Dieser gottesfürchtige Ausländer, ein hoher Beamter der äthiopischen Königin, ist auf seiner Rückreise heimwärts und liest dabei auf dem Wagen im Buch Jesaja. Philippus folgt einer Eingebung, fährt mit dem Äthiopier, erklärt ihm die Verheißung des Jesaja und dann ist dieser bereit, sich vom Apostel taufen zu lassen.

> *Der Zeuge ist es, der den Glauben verbreitet, nicht der Informant. Der Informant weiß, was die Theologen sagen. Das sagt er auch weiter, aber er gibt es weiter wie eine Sache. So wird der Glaube nicht verbreitet, sondern es geht um eine Identifikation bis in die extremen Formen hinein. Das ist in Christus vorgegeben.«*[86]

Der ehemalige Bischof von Mainz, Hermann Kardinal Volk, erinnert daran, dass der getaufte und gefirmte Christ zum Zeugnis des Glaubens berufen ist. Die französische katholische Kirche hat vor einigen Jahren intensiv daran erinnert, dass wir in einer säkularisierten Zeit nur durch das persönliche authentische Bekenntnis des Glaubens Menschen zum Glauben einladen können. Unter der Überschrift »Proposer la foi dans la Société actuelle. – Den Glauben vorschlagen in der heutigen Gesellschaft« haben die französischen Bischöfe alle Christen ermutigt, die Verkündigung des Evangeliums als einen Auftrag an jeden Getauften und Gefirmten zu verstehen.

In der Mitte von Jeremias und Philippus sind barocke Ölgefäße aufgestellt. Die darin aufbewahrten heiligen Öle werden in der sogenannten Chrisammesse, einen Tag vor Gründonnerstag, durch den Bischof geweiht. Besonders das Chrisam-Öl, mit dem wir in der Taufe und in der Firmung gesalbt werden, erinnert daran, wie wir dazu gerufen werden, ähnlich wie der Apostel Philippus, durch ein persönliches Zeugnis des Glaubens mitzuhelfen, dass der Glaube »ausgesät« wird.[87]

Jeremias und Philippus

In der dritten Kapelle von Westen, in der Kapelle der heiligen Elisabeth, ist das Gemälde mit der Anbetung der heiligen drei Könige aufgehängt. Es soll aus der Schule des Peter Paul Rubens (1577–1640) stammen. Seit Jahrhunderten gibt es im Dom zu Hildesheim eine lange Tradition der Verehrung der heiligen drei Könige. Wer dieses imposante Bild anschaut, kann erkennen: das Kind ist der leuchtende Mittelpunkt der Szene. Auf der rechten Bildseite Josef und Maria, die das Kind einem der Könige entgegenhält. Auf der anderen Seite und im Hintergrund die beiden anderen Könige mit ihren Begleitern und vielen Geschenken.

Die Welt kommt zu Christus. Juden wie Heiden sind gleichermaßen berufen, in ihm den Heiland zu erkennen. Papst Johannes XXIII. erinnert daran:

》 *Der Mensch ist nie so groß, als wenn er kniet.*«[88]

Die Kapelle mit dem Bild der Anbetung der heiligen drei Könige lädt zu der Betrachtung ein, dass wir zur Größe finden, wo wir uns dem Gott verdanken, dessen Wort unter uns Mensch wurde.

In dieser Haltung bringen die Könige ihre Gaben. In dieser Absicht werden darum in dieser Kapelle Woche für Woche auch die Gaben gesammelt, die die Gläubigen für die Armen und Bedürftigen spenden.

Die Kapelle vor dem südöstlichen Ausgang des Domes ist der »Unbefleckten Empfängnis« geweiht. In ihr wird das Figurenensemble des erhaltenen Altaraufbaus von Paul Egell (1691–1752) dargestellt. Weihbischof Ernst Friedrich Freiherr von Twickel (1683–1734), der auch in dieser Kapelle bestattet ist, hat die in den Himmel aufsteigende Muttergottes zwischen ihren Eltern Anna und Joachim gestiftet. Paul Egell gilt als sehr feinfühliger Bildhauer des frühen Rokokos.

Elisabethkapelle, Anbetung der heiligen drei Könige

Aufnahme Mariens in den Himmel

DIE SEITENKAPELLEN – EIN KRANZ DES GLAUBENS

Der Hildesheimer Dom feiert sein Patronatsfest am 15. August, dem Hochfest der in den Himmel aufgenommenen Gottesmutter Maria.

Dieses Fest hält am Glauben fest, dass Maria in den Himmel aufgenommen wurde und so die Verheißung, die der Engel in Nazareth über ihr Leben gelegt hatte, nicht Lügen gestraft wurde. Sie hat als die Erste Anteil an der Erlösung ihres Sohnes, sodass ihre Sehnsucht nach der Freudenkrone des Himmels erfüllt wurde.

Maria Aufnahme in den Himmel ist aber auch das Fest für uns, das uns erinnert: Über unserem Leben steht eine Verheißung. Und wo ich das Allerletzte meines Lebens erreiche, da erwartet mich nicht das Nichts, sondern das Alles, das wir Gott nennen, den Geber des Lebens, dessen Kraft und Macht den Tod besiegt hat.

Auf der Nordseite des Domes beginnt die Kapellenreihe im Westen mit der Georgkapelle, in der eine mittelalterliche Pietà aufgestellt ist.

Vor dieser Statue brennen Tag für Tag immer wieder unzählige Kerzen. Sie machen deutlich: an diesen Ort tragen die Menschen ihre Anliegen und Nöte.

Im frühen 14. Jahrhundert taucht dieses Andachtsbild der Maria zum ersten Mal auf. Der Leichnam des am Kreuz gestorbenen Christus wird der Gottesmutter in den Schoß gelegt.

Das »Erstarrte« und »Erkaltete« in die Arme nehmen. Das »Schwache«, das »Versagen«, das »Tote« nicht abspalten, sondern an mich heranlassen, anerkennen und anschauen, das ist eine tiefe und menschlich notwendige geistliche Grundhaltung, um immer wieder neu den Weg ins Leben zurück zu finden. Daran erinnert die Pietà: Maria hat ihren gemarterten toten Sohn in ihre Arme genommen und damit auch die Gottesfinsternis, die sie in den Stunden der Kreuzigung ihres Sohnes erfahren hat. Darum ist sie dann auch empfänglich für die Botschaft des Engels, der ihren Sohn als den Lebenden am Ostermorgen verkündet.

Mit der Pietà wird dem Beter in dieser Kapelle ins Herz gelegt: Alles Verbogene und Erstarrte in unserem Leben steht unter der Verheißung, dass Gott mehr Leben hat, als wir oft empfinden und ertragen.

In der Kapelle der zehntausend Märtyrer, die als nächste östlich sich anschließt, stehen heute die Beichtstühle, die für ein Beichtgespräch in angemessener Weise ausgestattet sind. Als Mutter Teresa, die indische Ordensschwester, die sich in Kalkutta um die Ärmsten der Armen kümmerte, gefragt wurde: »Was muss sich in der Kirche ändern?«, antwortete sie: »Sie und ich!«. In der Nachfolge Jesu dürfen Getaufte und Gefirmte immer wieder neu anfangen. Das können Menschen an diesem Ort immer wieder sakramental feiern.

In der sich anschließenden Matthäuskapelle befindet sich jetzt der Ort für den Domchor und die dafür eigens neu erstellte Chororgel, die mit der Hauptorgel zusammen

Pietà in der Georgkapelle

bespielt werden kann. – »Wer singt, betet doppelt«, sagt der heilige Augustinus. Auf vielfache Weise haben die Gläubigen Anteil an der Mitgestaltung der Liturgie. Dazu gehört besonders auch der Chorgesang. In der Schönheit der Musik, in der Stimmigkeit des Gesanges geben wir Gott die Ehre. Alle Liturgie hat ein Ziel:

> *Dass unsere Herzen dort verankert seien, wo die wahren Freuden sind.*«[89]

Mit unserem Gesang, mit unserer Musik erheben wir unsere Seele zu dem Gott hin, der in Jesus Christus uns seine Melodie des Himmels in dieser Welt hörbar gemacht hat. Darauf mit unserem Beten und Singen zu antworten, ist Gabe und Aufgabe.

> *Lasst in eurer Mitte Psalmen, Hymnen und geistliche Lieder erklingen, singt und jubelt aus vollem Herzen dem Herrn!*
>
> *Sagt Gott, dem Vater, jederzeit Dank für alles im Namen unseres Herrn Jesus Christus!« (Eph 5–19–20)*

Fenster einer Seitenkapelle

DAS KLEINE JUWEL DES DOMES – DIE LAURENTIUSKAPELLE

Im 12. Jahrhundert wird der Kreuzgang um die im Osten liegende Apsis fertiggestellt. Im Süden grenzt er an die von Bischof Udo (1079–1114) um 1100 geschaffene Laurentiuskapelle, die wohl lange Jahre als Kapitelssaal genutzt wurde. Um 1440 wird diese kleine, dreischiffige, romanische Hallenkirche mit Kreuzgratgewölbe um ein Joch erweitert. Nach dem Wiederaufbau des Domes 1960 wurde sie bis zur Sanierung (2010–2014) als Sakristei genutzt.

Mit der Sanierung (2010–2014) wurde der Raum neu gestaltet. Es ist der Ort der Stille im Dom. Ein Ort, der die Beter und Beterinnen zum Innehalten und Gebet einlädt. Werktags dient dieser beschauliche Ort als Gottesdienstraum.

An der Ostseite hinter dem Altar befindet sich der Tabernakel, der von der Benediktinerin Lioba Munz (1913–1997) geschaffen wurde. Die entschiedene Gegnerin des Nationalsozialismus, die 1933 zum katholischen Glauben konvertiert und 1934 in das Benediktinerinnenkloster in Fulda eintritt, wird eine der großen Künstlerinnen in der Goldschmiedekunst und der Technik des Emaillierens in der Nachkriegszeit.

Mit seiner wunderschönen Emaillierarbeit zählt der Tabernakel zu den wenigen Gegenständen, die von der Ausstattung des Domes nach dem II. Vatikanischen Konzil (1962 – 1965) geblieben sind und stellt somit ein Bindeglied zu dieser Zeit dar. Der Tabernakel ist wie ein kleiner Schrein gestaltet. Auf diese Weise erinnert er an die Bundeslade des Alten Bundes, in dem die Gesetzestafeln aufbewahrt wurden und die darum als der Ort der Gegenwart Gottes galt.

Auf der Vorderseite der Tabernakel-Türen ist die Verkündigungsszene abgebildet. Der Engel Gabriel geht mit offenen Armen, erhobenen Händen und eiligem Schritt auf die Gottesmutter zu. Maria schaut auf den Engel. Sie ist ganz eingehüllt von einem blauen Mantel, der ihren Glauben symbolisiert, und streckt ihre Hand dem Engel zum Gruß entgegen. In der Mitte als Verschluss der Tabernakel-Türen befindet sich die Gestalt einer Taube, die in Erinnerung ruft, welcher Geist hier wirkt.

Alle Figuren sind eingerahmt von verschiedenen Edelsteinen, die den sakralen Eindruck dieses Tabernakel-Schreines deutlich unterstreichen.

Über dem Tabernakel steht ein Kreuz, das ebenfalls von Sr. Lioba Munz in einer Emailliertechnik geschaffen wurde. Der gekreuzigte Christus neigt sein Haupt zur rechten

Romanische Laurentiuskapelle

Tabernakel von Lioba Munz

Seite, als würde er auf die sich darunter befindende Szene herabschauen.

In der frühen Liturgie der Kirche finden sich Gedanken, die uns das Kunstwerk von Sr. Lioba Munz geistlich erschließen:

> »*Die alte antiochenische Liturgie enthält sehr kühne Formulierungen, was die Gegenwart des Heiligen Geistes in der Eucharistie betrifft. So schreibt der hl. Ephräm der Syrer in einem seiner Hymnen: »In deinem Brot ist der Geist verborgen, der nicht gegessen werden kann, in deinem Wein gibt es ein Feuer, das nicht getrunken werden kann. Der Geist in deinem Brot, das Feuer in deinem Wein, erhabenes Wunder, das unsere Lippen empfangen haben ... Im Brot und im Kelch Feuer und Heiliger Geist«. Und in der syrischen Liturgie heißt es: »Das ist der Leib und das Blut, ein Brennofen, in dem der Heilige Geist das Feuer ist, dem sich der Reine nähert und vor dem der Liederliche zurückweicht«. Und bei Isaak von Antiochien lesen wir: »Kommt und trinkt; esst die Flamme, die euch zu feurigen Engeln macht, und schmeckt die Würze des Geistes«.*
>
> *Die Teilhabe an der gemeinsamen Gabe des Geistes macht die Kirche zu einem einzigen Leib und einem einzigen Geist.«*[90]

Im Heiligen Geist empfängt Maria die Botschaft des Engels, dass Gottes Wort in ihr Mensch wird. Am Kreuz ringt Christus mit seinem Gott und erfährt zugleich, dass Gottes Geist ihn hinüberzieht in das Ewige Leben. In diesem selben Geist empfangen wir das Brot des Lebens, das in diesem Tabernakel-Schrein aufbewahrt wird, damit wir durch die Speise dieses Brotes zu neuen Menschen werden.

> »Löscht den Geist nicht aus!« (1 Thess 5,19),

schreibt der Apostel Paulus an die Gemeinde in Thessaloniki.

Dort, wo wir Gottes Wort hören und in unser Herz eindringen lassen, dort, wo wir Gemeinschaft haben mit Jesus Christus in seinem Mahl, indem wir sein Brot essen, löschen wir den Geist nicht aus. Dort wirkt der Geist in uns und beflügelt uns, um so auf neue Art Kirche für die Menschen heute zu sein. Das können wir aber nur, wenn wir uns in diesem Geist erinnern:

> »Freude und Hoffnung, Trauer und Angst der Menschen von heute, besonders der Armen und Bedrängten aller Art, sind auch Freude und Hoffnung, Trauer und Angst der Jünger Christi. Und es gibt nichts wahrhaft Menschliches, das nicht in ihren Herzen seinen Widerhall fände.«[91]

Die Laurentiuskapelle ist ein Ort der Stille. In der Anbetung des gegenwärtigen Christus wird der Widerhall in unserem Herzen uns spüren lassen:

> »Wer in Gott eintaucht, taucht bei den Menschen wieder auf.«[92]

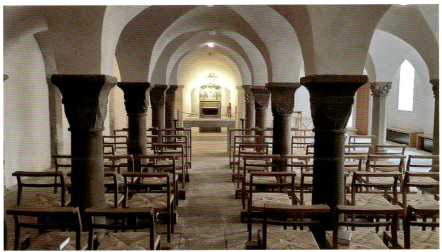

Laurentiuskapelle

DER FRIEDHOF MIT ROSENSTOCK UND ANNENKAPELLE
– IM TOD IST DAS LEBEN –

Der Rosenstock ist das Wahrzeichen Hildesheims. An der äußeren Apsis im Osten ragt er mächtig empor. Es ist eine unverwüstliche Rose. Es handelt sich um eine Hundsrose (rose cantina L.), im Volksmund Heckenrose genannt. Botanisch gesehen ist es eine Wildrose, die durch die Jahrtausende nicht mutiert hat. Unterirdisch bilden sich fortwährend neue Triebe, eine vegetative Vermehrung, die die Erbanlagen durch die Jahrhunderte nicht verändern. Darum, so die Botaniker, ist sie widerstandsfähig und ist »uralt«. Jahr für Jahr kommen tausende Menschen, wenn die Presseabteilung unseres Bistums im Mai verkündet: die Rose blüht. Die Rose hat eine Anziehungskraft. Ihre Widerstandskraft und ihren »Lebenswillen« haben die Hildesheimer nach dem Krieg unmittelbar erfahren. Wo alles in Schutt und Asche lag, trieb die Rose aus und begann nach einem Jahr wieder zu blühen. Diese Rose hat eine Zähigkeit, eine Widerstandskraft, eine Festigkeit, eine Unverwüstlichkeit, die man sich in manchen Lebenssituationen nur wünschen kann.

Umschlossen ist die Apsis des Domes mit dem Rosenstock durch einen doppelstöckigen Kreuzgang im sächsischen Stützenwechsel. Er wurde im 12. Jahrhundert errichtet. Im Süden grenzt er an die von Bischof Udo 1100 fertiggestellt Laurentiuskapelle, in der heute die Gottesdienste am Wochentag stattfinden und die täglich für die stille Anbetung geöffnet ist.

Die Hildesheimer Rose

Die Annenkapelle

Damit bildet der Kreuzgang die Umfriedung eines Friedhofes, auf dem die Domherren seit Jahrhunderten bestattet werden. In der Mitte des Friedhofes, dem Rosenstock gegenüber, die Totenkapelle, der erste gotische Bau (1321), der in Hildesheim errichtet wurde. Sie trägt den Namen der heiligen Anna, den Namen der Mutter Marias. Im Tympanon über der Eingangstür befindet sich eine Darstellung der sogenannten »Anna Selbdritt«: Anna, Maria und das Kind Jesus.

Die Gewölbeschlusssteine im Inneren zeigen drei mythologische Auferstehungsbilder: den Löwen, der sein Junges durch seinen Atem zum Leben erweckt; den Pelikan, der mit seinem Blut das Junge nährt, und den Phönix, der mit neuem Leben aus der Asche steigt. Am Abend eines jeden Allerseelentages beginnt der Gottesdienst auf diesem Friedhof. Die Gläubigen und das Domkapitel versammeln sich zwischen Rosenstock und Annenkapelle und gedenken der Toten. Wir erinnern uns der Auferstehungsbotschaft in der Hoffnung, dass unsere Verstorbenen bei Gott neues Leben gefunden haben. Und wir segnen an diesem Abend die Grabstätten, auf denen in stimmungsvoller Atmosphäre Lichter brennen, und bitten Gott, dass er sich unserer Verstorbenen annehme. Dann ziehen wir betend durch den Kreuzgang in den Dom

Der mittelalterliche Kreuzgang

und feiern die Eucharistie für alle unsere Verstorbenen, besonders für unsere Angehörigen.

So sind wir an diesem Ort immer verbunden mit dem Himmel, verbunden mit denen, die uns vorausgegangen sind und auf deren Schultern wir nun unser eigenes Leben in Verantwortung gestalten. Dabei leben wir in der Hoffnung, dass auch wir an unserem Ende auf den treffen werden, der das Leben nicht nur ins Dasein gerufen hat, sondern der es auch in der Stunde des Todes erneuern kann und will.

Dieses so anrührende und ansprechende Ensemble von Rosenstock, Kreuzgang, Annenkapelle und Friedhof lässt alle, die diesen Ort aufsuchen, zur Ruhe und Besinnung kommen. Wer hier auf diesem Friedhof verweilt, wird wie von selbst auf die Frage gestoßen: Wie können wir glauben, dass Jesus von den Toten erstanden ist? Und wie können wir glauben, dass wir an seiner Auferstehung Anteil erhalten?

Nur der Blick auf Jesus Christus lässt uns verlässliche Ableitungen für unsere Auferstehung finden:

> » *Der Glaube an die Auferstehung der Toten und das ewige Leben wird heute von mehr als der Hälfte unserer Mitmenschen nicht mehr geteilt. Wir selbst spüren wohl beides: die Kostbarkeit dieses Glaubens, seinen unendlichen Wert und seine Schönheit, aber auch seine Zerbrechlichkeit.*
>
> *Die Frage nach der Auferstehung der Toten können wir auf verschiedene Weise stellen. Meistens tun wir es mit theologischen und philosophischen Argumenten, verweisen auf die Sachlogik und auf den Glauben unserer Väter und Mütter.*
>
> *Wenn wir die Frage aber auf der Beziehungsebene stellen, klingt sie ganz anders. Dann richten wir sie an Gott und fragen ihn, an den wir glauben und mit dem wir leben, wie wir denn den unausweichlichen Tod, auf den wir alle zugehen, in unsere Beziehung mit ihm einordnen sollen. Dann wird die Frage zum Gebet, und wir hören Gottes Antwort: ›Hast du eigentlich immer noch nicht begriffen, was mir der Mensch bedeutet, dass ich ihm Heil und Leben zugedacht habe und alles tue, damit es ihm auch widerfährt? Glaubst du wirklich, dass ich meine Liebe durchkreuzen lasse, dass ich kapituliere vor dem Tod, der durch die Sünde des Menschen in die Welt gekommen ist? Traust du der Größe und Macht meiner Liebe so wenig zu?‹ – Und wir werden vielleicht ein wenig verlegen und stammelnd, mit ein bisschen Herzklopfen, aber gleichzeitig mit innerer Gewissheit antworten: ›Nein, Herr, so klein kann deine Liebe nicht*

sein, entschuldige, dass ich so gering von dir gedacht habe!‹ Und wir werden ihm das kostbare Alabastergefäß unserer Auferstehungshoffnung entgegenhalten und ihn bitten, er möge seinen Lebensodem darüber hauchen, damit es nie zerbricht.«[93]

Die Bernwardtür ist die »Ouvertüre« des Domes. Sie lässt anklingen, worin unser Leiden besteht und welche Arznei uns zur Heilung unserer Seele verabreicht wird, wenn wir den Dom betreten und uns auf seine Verkündigung einlassen. Nach dem Taufbecken, dass uns an unsere Erwählung erinnert und uns ins Herz legt, dass wir zur großen Geschichte Gottes mit seinem Volk dazugehören, durch die Erinnerung des Heziloleuchters, dass wir bei allen Abbrüchen und Hindernissen mit unserem Leben unter einem großen »Ja« unterwegs sein dürfen, durch die Aufnahme in die Gemeinschaft des Himmels durch das heilige Mahl und durch die Verheißung, dass wir durch Jesus Anteil an seiner Auferstehung haben, wird uns am Ursprungsort des Bistums, am Fuße des Rosenstocks, auf einem Friedhof die Botschaft eines tiefen Vertrauens zugesprochen. Diese Verheißung erinnert mich an ein Wort, das die große Dichterin Hilde Domin nach dem Schrecken des Holocausts als Hoffnungswort geprägt hat:

> » *Meine Hand greift nach einem Halt und findet nur eine Rose als Stütze.*«[94]

Das Nordparadies des Hildesheimer Domes

DAS NORDPARADIES –
DER STADT ENTGEGEN

Wer von der Stadt her den Domhof durch das Petrustor betritt, sieht sofort die mächtige gotische Eingangshalle. Der Dom kommt dem Besucher, der Besucherin gleichsam entgegen. 1412 läßt der Domherr Lippold von Steinberg das doppelstöckige sog. »Nordparadies« mit seiner mächtigen Front bauen. Wer auf diese Eingangshalle mit den mächtigen mittelalterlichen schmiedeeisernen Toren zuläuft, wird von den Domheiligen in Lebensgröße empfangen: In der Mitte die Muttergottes, an ihrer Seite der heilige Bernward und der heilige Godehard.

Damit wurde ein Zeichen gesetzt. Die Pilger des Domes sollen sich in dieser Eingangshalle willkommen fühlen. Das im 15. Jahrhundert errichtete »Nord-Paradies« will in seiner Größe und Mächtigkeit den Zugang zur Stadt aufwerten und hervorheben.

Beim Betreten des »Nordparadieses« stößt man auf drei wichtige geistliche Aktzentsetzungen:

Da ist das Portal, durch das der Besucher, die Besucherin den Dom direkt betritt. Das Portal wird in der Spitze durch einen Christuskopf geschmückt. Jesus sagt einmal:

> »*Ich bin die Tür; wer durch mich hineingeht, wird gerettet werden; er wird ein- und ausgehen und Weide finden.« (Joh 10,9)*

Das ist die erste wohlwollende Predigt, durch die den Pilgernden gesagt wird: Dieser Ort, der nun betreten wird, ist ein Ort der Christusbegegnung. Wer durch diese Tür schreitet, trifft nicht auf einen leeren Raum. Das, was hinter dieser Tür liegt, hat eine einzige Zweckbestimmung: die Begegnung mit Christus. Darum war dieses Tor im Jahr der Barmherzigkeit 2015–2016 als Heilige Pforte für die Pilgernden des Domes ausgewiesen.

Bevor man aber in den Dom eintritt, lädt eine kleine Kapelle auf der östlichen Seite zur Besinnung ein. Hier sind die einzigen mittelalterlichen Fresken des Domes zu finden: Maria mit den Domheiligen Epiphanius und Godehard. Die kleine, mit einem Altar ausgestattete, Kapelle diente im Mittelalter Liturgien oder als Statio zum Beispiel bei Prozessionen.

Mittelalterliche Fresken in der Kapelle aller Dompatrone, sog. Steinbergkapelle

Über dem Altar befinden sich seit der Sanierung (2010–2014) holzgeschnitzte Reliefs eines Passionsaltares aus dem 16. Jahrhundert. Auf intensive Weise wird in der figürlichen Abbildung gezeigt, wie viele Menschen den Kreuzweg Jesu mitgehen. Mit unterschiedlichen Urteilen und Haltungen über ihn sind sie auf seinem Weg dabei.

Die kleine Kapelle trägt den Namen: Kapelle aller Dompatrone. Durch die Neugestaltung dieser Kapelle kann man erahnen, dass alle Heiligkeit immer den leidenden Herrn und seinen Kreuzweg berührt. Edith Stein, die einige Jahre an der Universität in Göttingen studierte und somit als Bistumsheilige gilt, hat, wie keine andere Heilige zuvor, diesen Zusammenhang von »Heiligkeit und Kreuz« dargestellt. Papst Johannes Paul II. hat dies bei der Seligsprechung von Edith Stein 1987 so ins Wort gehoben:

> »*Der Lebensweg von Edith Stein endete am 9. August 1942 in den Gaskammern in Auschwitz. Ihre solidarische Anteilnahme am Leiden des jüdischen Volkes interpretierte sie als Kreuzes-Nachfolge, als Mitleiden am Kreuze Christi.*
>
> *Eine besondere Heilige des 20. Jahrhunderts. Aber was ist »heilig«? Lassen wir Edith Stein selbst sprechen.*
>
> *Am 23. Juli 1918 schreibt Edith Stein an ihre Schwester Erna:*
>
> *Es scheint mir jetzt manchmal, als ob Ihr mich alle gewaltig überschätztet, und ich fühle mich recht beschämt dadurch. Ich bin ja durchaus keine Heilige und habe ebenso gut meine schwachen*

Stunden wie jeder andere. Übrigens glaube ich, dass es auch für einen Heiligen nicht erforderlich ist, allen Wünschen und Hoffnungen und allen Freuden der Welt zu entsagen. Im Gegenteil: Man ist auf der Welt, um zu leben, und soll alles Schöne, was es gibt, dankbar hinnehmen. Man soll nur nicht verzweifeln, wenn es anders geht, als man sich's gedacht hat. Man soll dann an das denken, was einem noch bleibt, und auch daran, dass man hier doch schließlich bloß zu Besuch ist und dass alles, was einen jetzt so schrecklich bedrückt, am Ende gar nicht so wichtig ist oder doch eine ganz andere Bedeutung hat, als man jetzt erkennen kann.«[95]

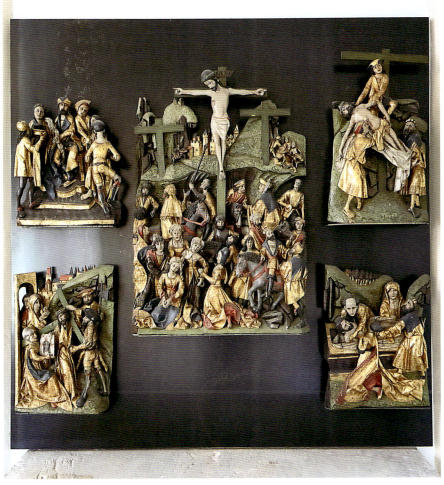

Teile eines Passionsaltares

Edith Stein wählt bei ihrem Klostereintritt den Namen: »Teresia Benedicta a Cruce«, Schwester Teresia Benedicta vom Kreuz. Das Kreuz ist die Folie dafür, dass alles, was das Leben bedrückt, durch den Gekreuzigten noch einmal eine ganz andere Bedeutung bekommt.

Und noch ein geistlicher Akzent: Solche Vorhallen, die vor einem Eingang der Langhausseiten als Marienportale gestaltet wurden, tragen auch den Namen »Paradies«. Hier wurden bis zur Reformation und auch noch darüber hinaus die Ehen geschlossen. Darum ist auch der Name »Brautportal« geläufig. Oft war das »Paradies« in der Mitte mit einem Brunnen ausgestattet und mit Bäumen bepflanzt. Es erinnerte so an das biblische Paradies. So entstand eine Zone des Friedens und der Besinnlichkeit. Gleichzeitig galt: Wer dieses »Paradies« erreichte, genoss »Kirchenasyl«. Die Vorhalle einer Kirche war bereits der Schutzraum, der vor Verfolgung bewahrte.

Kirchenraum als Asyl. Hier hat das »Nordparadies« unseres Domes noch einmal eine besondere, eine erinnernde Funktion: Kirche ist der Ort, wo Menschen mit ihrer Seele, mit ihrem ganzen Sein, im weitesten Sinne Asyl erfahren sollen.

Paul Michael Zulehner, der Wiener Pastoraltheologe, erzählt einmal von einem besonderen Erlebnis mit einer nicht leichten Schulklasse:

> *» Erzählt wurde sie mir von einem erfahrenen Seelsorger. Er unterrichtete in einer Schule eine Klasse, die es geschafft hatte, eine Art Schulomega zu werden. Kein Lehrer hatte mit ihr Freude. Allein dem Religionslehrer war nichts zu dumm. Nun war es administrativ üblich, den Lehrstoff der Stunde am Ende jeweils ins Klassenbuch einzutragen. Einmal vergaß er das. Als er es bemerkte, nahm er sich vor, den Eintrag in der nächsten Stunde nachzuholen. Als er dann das Klassenbuch öffnete, fand er die Arbeit schon getan. Die Klasse hatte den Eintrag für ihn erledigt. Und das mit einem einzigen Wort: Asyl. Das war für sie, die Verachteten, die Religionsstunde: Asyl. Nicht mehr und nicht weniger. Eine tiefe Erfahrung von dem, wofür Gott steht.«*[96]

DIE KLEINE ANNENKAPELLE – DAS GEHEIMNIS DER ERLÖSUNG IST ERINNERUNG

Ein Detail darf in diesem geistlichen Domführer über den Mariendom zu Hildesheim nicht fehlen: noch einmal ausdrücklich die Erinnerung daran, dass der Dom am 22. März 1945 von ca. 14.00 Uhr bis 14.15 Uhr durch Kriegerbomben völlig zerstört wurde. Vor der Sanierung (2010–2014) erinnerten verschiedene Tafeln mit Bildern und Zeitungsberichten an Stellwänden im Westen des Domes an dieses schreckliche Ereignis. 75 Prozent der Stadt, einschließlich der Altstadt, waren zerstört. Ebenso lag der Dom in Trümmern. Mit welchen Gefühlen diese Bilder für die damals Betroffenen verbunden waren, können wir uns als Nachkriegsgeborene wohl kaum vorstellen.

1960 wurde nach einem längeren Rechtsstreit mit dem Land Niedersachsen (Wer trägt die Baulast in der Nachfolge des preußischen Staates?), 15 Jahre nach Kriegsende, der Dom wieder eingeweiht. Der Hildesheimer Dom ist der einzige Dom in Deutschland, der nach dem Krieg neu konsekriert wurde. Er galt, wegen seiner äußeren Hülle, als Neubau.

Im Rahmen der Neugestaltung des Domes (2010–2014) hat sich das Domkapitel nach einem Architektenwettbewerb dafür entschieden, dem Vorschlag des Architekten Prof. Johannes Schilling, Köln, zu folgen, die beim Neuaufbau in den 1950-er Jahren verwendeten Baumaterialien, also vorwiegend Beton, wieder sichtbar zu machen. Überstreichungen und Holzvertäfelungen wurden aus dem Dom herausgenommen.

Glasskulptur mit älterem Torso Anna Selbdritt von Gerd Winner

Jeder kann nun sofort sehen, dass die Bausubstanz des Domes nicht historisch ist. Auf diese Weise ist der Dom selbst bereits in einer stillen Aussagekraft so etwas wie ein Mahnmal, das uns daran erinnert, was Krieg und Zerstörung unter den Völkern bedeuten.

In Erinnerung an diese Zerstörung wurde die erste Kapelle im nördlichen Kreuzgang neugestaltet. Der in Liebenburg lebende Künstler Gerd Winner (*1936) hat eine beeindruckende Glasskulptur mit dem Bild des zerstörten Domes geschaffen, in der eine Anna-Selbdritt-Figur, die während der Bombardierung 1945 in den Trümmern des Domes zur Hälfte verbrannte, aufgestellt ist. So ist hier ein konkretes Mahnmal geschaffen worden, das an das schreckliche Erleben des Zweiten Weltkrieges und die schrecklichen Kriegsfolgen durch ein Unrechtsregime erinnert. Gleichzeitig lädt die vor dem Hintergrund des zerstörten Domes stehende Anna-Selbdritt-Figur ein, um für den Frieden in unseren Tagen zu beten:

> » *Herr, Gott des Friedens, erhöre unser Flehen!*
>
> *Viele Male und über viele Jahre hin haben wir versucht, unsere Konflikte mit unseren Kräften und auch mit unseren Waffen zu lösen; so viele Momente der Feindseligkeit und der Dunkelheit; so viel vergossenes Blut; so viele zerbrochene Leben; so viele begrabene Hoffnungen… Doch unsere Anstrengungen waren vergeblich. Nun, Herr, hilf Du uns! Schenke Du uns den Frieden, lehre Du uns den Frieden, führe Du uns zum Frieden! Öffne unsere Augen und unsere Herzen, und gib uns den Mut zu sagen: »Nie wieder Krieg!«; »Mit dem Krieg ist alles zerstört!« Flöße uns den Mut ein, konkrete Taten zu vollbringen, um den Frieden aufzubauen. Herr, Gott Abrahams und der Propheten, Du Gott der Liebe, der Du uns erschaffen hast und uns rufst, als Brüder zu leben, schenke uns die Kraft, jeden Tag Baumeister des Friedens zu sein; schenke uns die Fähigkeit, alle Mitmenschen, denen wir auf unserem Weg begegnen, mit wohlwollenden Augen zu sehen. Mach uns bereit, auf den Notschrei unserer Bürger zu hören, die uns bitten, unsere Waffen in Werkzeuge des Friedens zu verwandeln, unsere Ängste in Vertrauen und unsere Spannungen in Vergebung. Halte in uns die Flamme der Hoffnung am Brennen, damit wir mit geduldiger Ausdauer Entscheidungen für den Dialog und die Versöhnung treffen, damit endlich der Friede siege. Und mögen diese Worte – Spaltung, Hass, Krieg – aus dem Herzen jedes Menschen verbannt werden! Herr, entwaffne die Zunge und die Hände, erneuere Herzen und Geist, damit das Wort, das uns einander begegnen lässt, immer »Bruder« laute und unser Leben seinen Ausdruck finde in ›Shalom, Frieden, Salam‹! Amen.«*[97]

DIE ORGELN – SIE »SPIELEN«, WENN SIE NICHT SPIELEN

Kunst im Dom als Ausdruck unseres Glaubens: da denken wir zuerst an Architektur und gestaltende Kunst, wie die Bernwardtür, den Heziloleuchter oder den neuen Rückriem-Altar. Dem Domkapitel war es bei den Überlegungen anlässlich der Sanierung des Domes (2010 – 2014) ein vorrangiges Anliegen, die verschiedenen Kunstgegenstände aus der 1200-jährigen Geschichte des Domes in eine Beziehung zueinander zu setzen.

Ein Zweites war uns bei den Überlegungen zur Neugestaltung des Domes wichtig: Es sollte keine Sanierung erfolgen, die aus dem Dom ein Museum macht. Bei einer Expertenanhörung von Kunstsachverständigen ganz am Anfang der Sanierung gab es einige Einstellungen, dass man überhaupt nichts an der Innengestalt des Nachkriegsdomes ändern dürfe. Schließlich sei der Dom zu Hildesheim der einzige Dom in Deutschland, der in seiner Gestaltung das künstlerische Verständnis und die kirchliche Empfindung der 1950er und 1960er widerspiegele. Hier sei in einem Dom die Glaubenshaltung und Frömmigkeit einer vorkonziliaren Kirche in die Innenarchitektur eingeflossen, wie sie in keinem anderen Dom in Deutschland zu finden sei.

Das Domkapitel hat diese Einschätzung nicht übernommen. Vielmehr hatten in allem Gestalten andere Fragen den Vorrang: Wie soll der innere Raum des Domes verändert werden, damit nach dem religiösen Gefühl der Menschen von heute ansprechend Gottesdienst gefeiert werden kann? Was braucht der Dom, damit die Menschen, die hier beten, den Dom als ein »Dach für die Seele« erfahren können? Was braucht es, damit der neue Dom zu einem Ort wird, an dem die Menschen mit der Transzendenz ihrer Existenz in Berührung kommen? Die Frage war also: Wie können Menschen heute den Dom als einen Raum erfahren, in dem die inneren Fragen des eigenen Lebens im Herzen aufsteigen und sie mit dem Geheimnis des Lebens, das wir Gott nennen, in Berührung kommen können?

Um einen solchen Raum der Andacht, des Gebetes, der Meditation und der Liturgie zu gestalten, braucht es unbedingt die Möglichkeit der Musik.

Ralf Siepmann, Journalist für Medien- und Kulturthemen in Bonn, schreibt unter Bezugnahme auf den großen Dirigenten Herbert Blomstedt zur Zusammengehörigkeit von Musik und Gottesdiensthaus:

Hauptorgel

> *Der schwedische Dirigent Herbert Blomstedt, Ehrenkapellmeister des Gewandhausorchesters Leipzig, sieht Konzert und Gotteshaus als die beiden Seiten einer Medaille. Im vergangenen Juni (2017), wenige Wochen vor seinem neunzigsten Geburtstag, äußert er: ›Religion bedeutet Sehnsucht und Suche nach dem Vollkommenen. Auch die Musik erzählt davon. Ich möchte das mit meinem Publikum teilen. Musik hat diese mysteriöse Fähigkeit, uns dorthin zu führen, wo wir sonst nicht hingeführt würden.‹ Musik, bekennt Blomstedt, lasse die ›Illusion von Ewigkeit in uns entstehen‹. Die metaphysische Dimension des Hörens von Musik manifestiert sich auch in den Reflexionen des 1992 gestorbenen amerikanischen Komponisten John Cage, der mit seiner Musik ›innere Sammlung, Stille‹ ermöglichen will. Musik habe den Zweck, ›den Geist zu reinigen und zur Ruhe zu bringen, um ihn für göttliche Einflüsse empfänglich zu machen‹«.*[98]

Durch das zweite neue große Kunstwerk, die beiden aufeinander gestimmten neuen Orgeln, die die Orgelbaufirma Seifert, Kevelaer, geschaffen hat, soll diese Sicht umgesetzt werden.

Die Hauptorgel mit ihren 77 Registern, von denen 56 Register aus der alten Breil-Klais-Orgel übernommen wurden, und die neue kompakte Chororgel mit 16 Registern sind Instrumente, die ein breites Klangspektrum ermöglichen. Unsere Orgeln dienen in der Begleitung des Gemeindegesangs, in der Chorbegleitung und für die geistliche konzertante Musik im Dom dem, was die Mitte allen geistlichen Tuns ist: Gott die Ehre geben.

Der jüdische Religionsphilosoph Franz Rosenzweig erinnert daran:

> *Das höchste der Liturgie ist nicht das gemeinsame Wort, sondern die gemeinsame Gebärde. Die Liturgie erlöst die Gebärde von der Fessel, unbeholfene Dienerin der Sprache zu sein, und macht sie zu einem Mehr als Sprache.«*[99]

Liturgie ist in einem umfassenden Sinn »Aktion«. Es geht nicht nur um eine angemessene Kommunikation in der Gebetssprache. Es geht nicht nur um eine verantwortete Auslegung der biblischen Botschaft in der Predigt, sondern es geht darum, Menschen mitzunehmen in eine Begegnung mit Gott. Es geht also darum, Menschen zu ermöglichen, die inneren Fragen des eigenen Lebens im Herzen aufsteigen und sie mit dem Geheimnis des Lebens, das wir Gott nennen, in Berührung kommen zu lassen. Darin sollen die, die am Gottesdienst teilnehmen, nicht passiv bleiben.

Blick vom Altar zur Hauptorgel über der Bernwardtür

Der Orgelspieltisch

Die Orgel, die Mozart als die Königin der Instrumente bezeichnet, ist eines der wichtigsten Mittel, damit die Liturgie mehr ist als Sprache. Die Orgel kann helfen, dass das Herz der Menschen angerührt wird und in der Beziehung zu Gott »sprechen« lernt oder, sagen wir ruhig, sich zu Gott »erheben« kann. Sie ist Dienerin unserer oft vorhandenen Sprachlosigkeit gegenüber Gott. Sie leiht somit den Glaubenden und den Nicht-Glaubenden, den Fröhlichen und den Traurigen, den Zweifelnden und den Hoffenden, den Klagenden und den Verzweifelnden ihre Stimme.[100] Damit trägt die Orgel dazu bei, dass Liturgie »sakral« wird. Durch ihr Erklingen im Dom greift sie den Menschen, so wie Aaron und Hur dem Mose (Ex 17,8–18), unter die Arme, damit sie das Geheimnis Gottes berühren und bewohnen können. Wir nennen das Gebet.

Heziloleuchter vor der Orgel

STATT EINES NACHWORTES

Am Pfingstmontag 2015 besucht der Nuntius von Deutschland, Dr. Nikola Eterović, anlässlich der Wallfahrt der kroatischen Missionen zum zweiten Mal das Bistum Hildesheim. Sein erster Besuch fand im Rahmen der Vollversammlung der Deutschen Bischofskonferenz statt, die im Februar des gleichen Jahres zum ersten Mal in Hildesheim stattfand.

Weil der Bischof von Hildesheim verhindert war, durfte ich in der feierlichen Messfeier an den Nuntius einen Willkommensgruß sagen. Wir trafen uns in der Sakristei. Ich begrüßte ihn mit den Worten: »Exzellenz, lieber Herr Nuntius, ich heiße Sie herzlich in der zweit schönsten Kathedrale der Welt willkommen!« Er schaute mich an. »Herr Weihbischof, was ist die schönste Kathedrale?« Ich antwortete: »Herr Nuntius, natürlich die Kathedrale des Heiligen Vaters!« Der Nuntius: »Lieber Herr Weihbischof, die Kathedrale des Heiligen Vaters ist größer. Das ist keine Frage. Aber ob sie schöner ist?«

Ich habe den Nuntius gefragt, ob ich diese Anmerkung nach jeder Führung durch den Dom erzählen darf. Er hat freudig zugestimmt!

Für mich ist der Dom zu Hildesheim die schönste Kathedrale der Welt. Sie ist »mein« Dom geworden, weil ich in diesem Haus immer wieder aufs Neue entdecken kann, wie Gott unter uns Menschen wirken will.

Arkadenfenster der Apsis
mit Blick auf den Rosenstock

DOMGRUNDRISS

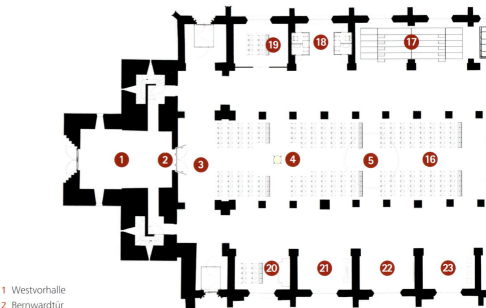

1 Westvorhalle
2 Bernwardtür
3 Hauptorgel
4 Taufbecken
5 Radleuchter Bischof Hezilos
6 Tintenfass-Madonna
7 Hauptaltar von Ulrich Rückriem
8 Radleuchter Bischof Thietmars
9 Irmensäule mit Kristallkreuz
10 Nordquerhausfassade mit den Standbildern der Gottesmutter und der hll. Bischöfe Godehard und Epiphanius
11 Reliquienschrein der Dompatrone (sog. Epiphanius-Schrein)
12 Cäcilienkapelle, Kopfreliquiar der hl. Cäcilia
13 Kopfreliquiar des hl. Bernward
14 Christussäule
15 Krypta mit Gnadenbild, Gründungsreliquiar, Godehardschrein
16 Bischofsgruft (zugänglich über Krypta)
17 Matthäuskapelle
18 Kapelle der Zehntausend Märtyrer
19 Georgskapelle mit Pietà
20 Barbarakapelle
21 Kapelle der hll. Vincentius und Anastasius mit Alabasterfiguren des Propheten Jesaja und des Apostels Philippus sowie den Ölgefäßen der Bischofskirche
22 Elisabethkapelle mit Gemälde »Anbetung der Könige«
23 Altaraufbau von Paul Egell, Immakulata mit Joachim und Anna und Relief des hl. Bernward
24 Nordparadies
25 Kapelle aller Dompatrone mit Passionsaltar (sog. Steinbergkapelle)
26 Kreuzgang
27 Kleine Annenkapelle
28 Tausendjähriger Rosenstock
29 Große Annenkapelle
30 Laurentiuskapelle
31 Eingang zum Dommuseum/Domfoyer
32 Kapitelhaus

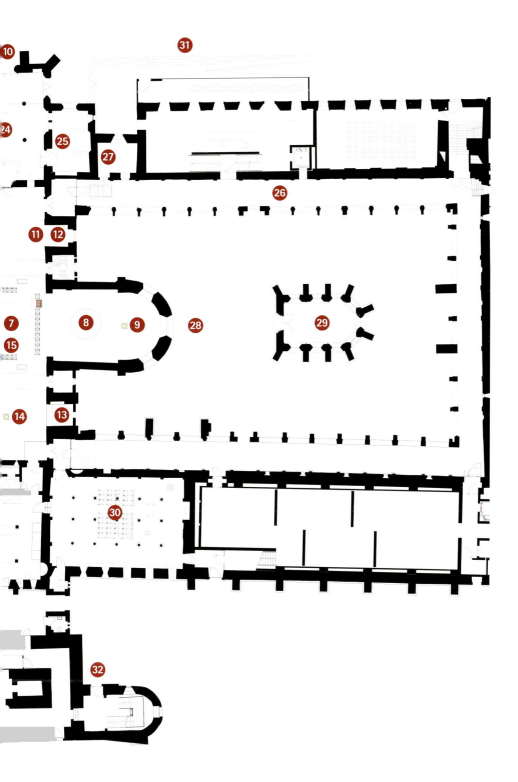

EINE KLEINE DOMGESCHICHTE
(VON DR. THOMAS SCHARF-WREDE)[101]

815	Gründung des Bistums Hildesheim durch Kaiser Ludwig den Frommen und Bau einer Kapelle zu Ehren der Gottesmutter Maria, der Patronin des Bistums Hildesheim.
815–834	Bischof Gunthar erbaut einen ersten – der hl. Cäcilia geweihten – Dom, primär für das Chorgebet und für die Liturgie des Domkapitels.
851–874	Bischof Altfrid gründet die Frauenklöster Gandersheim und Lamspringe – und baut einen neuen Hildesheimer Dom, in den die ursprüngliche Marienkapelle integriert wird. Das Hildesheimer Domkapitel verpflichtet er zum Zusammenleben, zur »Vita communis«.
1.11.872	Weihe des Hildesheimer Mariendomes durch Bischof Altfrid. Bischof Altfrid, der nach seinem Tod auf seinem Eigengut im Stift Essen beigesetzt wurde, erfährt bereits früh eine intensive Verehrung durch die Gläubigen, wobei seine offizielle Heiligsprechung erst 1965 erfolgt.
919–954	Bischof Sehard (919–928) stattet den Kreuzaltar und das Evangelienpult des Domes mit reichem Silberschmuck aus. Am Hildesheimer Domhügel scheint es schon zu Beginn des 10. Jahrhunderts kompetente Metallkunstwerkstätten gegeben zu haben. Bischof Thiethard (928–954) lässt den Hochaltar des Domes mit einer prachtvollen Schmucktafel aus Feingold verzieren. Er gründet auch das Kloster St. Abdon und Sennen in Ringelheim.
954–984	Bischof Othwin bringt 962 von einem Italienfeldzug mit Kaiser Otto I. die Gebeine des hl. Bischofs Epiphanius von Pavia (+ 497) nach Hildesheim, denen im Hildesheimer Dom rasch eine große Verehrung zuteil wurde; im Volksglauben dieser Zeit kam der Reliquienverehrung erhebliche Bedeutung zu.

Der untere Kreuzgang

993–1022	Am 15. Januar 993 wird Bernward, der an der Hildesheimer Domschule ausgebildet wurde und bis dahin am Ottonischer Königshof tätig war, durch den Mainzer Bischof Willigis zum Bischof von Hildesheim geweiht. Als Bischof von Hildesheim sorgt er sich u.a. mit der Abhaltung von Diözesansynoden um eine Neustrukturierung des Bistums Hildesheim. Die Erinnerung an Bischof Bernward ist im Bistum Hildesheim – und darüber hinaus – insbesondere durch auf ihn initiierte Kunst- und Bauwerke lebendig, u.a. durch die heute im Dom befindliche Christussäule und die Bronzetür sowie durch seine Gründung des Benediktinerklosters St. Michaelis, wo er auch begraben wurde; die Heiligsprechung von Bischof Bernward erfolgte im Jahr 1192.
1022–1038	Als vormaliger Abt des bayerischen Benediktinerklosters Niederaltaich und Reformator der Klöster Tegernsee und Hersfeld bringt Bischof Godehard viele Erfahrungen und Ideen mit nach Hildesheim. Gottesdienst und Seelsorge sowie die Sorge um die Armen liegen ihm besonders am Herzen. Nach seinem Tod am 5. Mai 1038 wird Bischof Godehard im Dom beigesetzt. Sein Grab wird rasch das Ziel vieler Pilger; 1131 wird Bischof Godehard als erster Hildesheimer Bischof heiliggesprochen und bis heute in ganz Europa verehrt.
23.3.1046	Am Palmsonntag des Jahres 1046 brennen der Dom und die ihn umgebenden Stiftsgebäude sowie weite Teile der Stadt Hildesheim nieder, woraufhin Bischof Azelin (1044–1056) unverzüglich leicht nach Westen versetzt mit dem Bau einer neuen, größeren Domkirche beginnt. Aufgrund unzureichender Fundamentierungen misslingt dieser Neubau.
1054–1079	Bischof Hezilo errichtet auf den Fundamenten des Altfrid-Domes einen neuen Dom, der am 5. Mai 1061 geweiht werden kann. Für das Mittelschiff stiftet der Bischof einen großen Radleuchter, der das Himmlische Jerusalem symbolisiert, der heute als »Hezilo-Leuchter« bezeichnet wird. Auch die Laurentiuskapelle, die heute für die Gottesdienste in der Woche im Dom genutzt wird und zudem den Dombesucherinnen und -besuchern als Raum für das persönliche Gebet zur Verfügung steht, wurde durch Bischof Udo (1079–1114) errichtet.
1130–1153	Zu Ehren von Bischof Godehard legt Bischof Bernhard (1130–1153) im Jahr 1133 den Grundstein für die St. Godehardikirche mit einem angeschlossenen Benediktinerkloster.

1146–1155	Der bislang hölzerne Vierungsturm des Domes wird durch einen dreifach gestuften Steinturm ersetzt. Der doppelstöckige Kreuzgang im Osten des Domes erhält seine heutige Gestalt.
1226	Der Hildesheimer Dompropst Wilbrand von Oldenburg-Wildeshausen stiftet dem Dom ein Taufbecken, dessen ausdrucksstarke Bildsprache bereits gotische Stilelemente zum Thema Taufe aufweist.
1235	Auf einem Reichstag zu Mainz wird das Bistum Hildesheim offiziell als eigenständiges Territorium anerkannt, der Bischof bzw. Fürstbischof von Hildesheim ist fortan als Landesherr für die politischen Belange und als Bischof für die religiösen Belange seiner Untertanen bzw. Diözesanen zuständig.
1319–1331	Bischof Otto von Wohldenberg errichtet im Domkreuzgang die Annenkapelle. Der Dom erfährt jetzt auch durch den Anbau von Seitenkapellen für die Feier des Gottesdienstes und das volksfromme Leben wichtige Erweiterungen.
3.9.1367	Bischof Gerhard vom Berge (1365–1398) besiegt in der Schlacht bei Dinklar eine Allianz unter Führung des braunschweigischen Herzogs; der Legende nach Dank der Fürsprache der Gottesmutter Maria. Als Dank für seinen Sieg errichtet Bischof Gerhard in der Stadt Hildesheim ein Kartäuserkloster. Er stiftet dem Dom die Vergoldung der Vierungskuppel und für die Liturgie im Dom einen großen Goldkelch, der bis heute bei Pontifikalämtern genutzt wird.
1412	Der Domherr Lippold von Steinberg schenkt dem Dom ein gotisches Nordparadies als Eingang zur Stadt sowie etliche Reliquien und Reliquiare. Durch die Begründung von Bruderschaften erfährt die Verehrung der Dompatrone im Laufe des 15. Jahrhunderts eine erhebliche Zunahme.
1440	Der Domherr Burchard Steinhoff stiftet dem Dom 1440 im südlichen Domkreuzgang die St. Antonius-Kapelle und bemüht sich um neue gemeinsame Wohnmöglichkeiten des Domkapitels. Allen politischen und wirtschaftlichen Problemen zum Trotz gibt es im Bistum Hildesheim etliche Aufbrüche und Neuanfänge: Die »Brüder vom Gemeinsamen Leben« kommen nach Hildesheim. Kardinal Nikolaus von Kues und Johannes Busch visitieren das Bistum Hildesheim und in Marienrode wird für das dortige Zisterzienser-Kloster eine neue Kirche erbaut. In Celle entsteht ein Franziskanerkloster.

1519–1523 Teile des politisch wie wirtschaftlich starken Hildesheimer Landadels treten in Opposition zum Hildesheimer Bischof, woraus sich die »Hildesheimer Stiftsfehde« zwischen dem Bischof von Hildesheim und den das Bistum umgebenden welfischen Fürsten entwickelt. Im sog. »Quedlinburger Rezess« verliert Bischof Johann IV. (1503–1527) die landesherrliche Oberhoheit über das »Große Stift«, ihm verbleibt lediglich das »Kleine Stift« mit den Ämtern Peine, Steuerwald und Marienburg sowie der Dompropstei mit der Stadt Peine und rund 90 Dörfern.

1517 Die maßgeblich durch Martin Luther initiierten protestantischen Bewegungen erreichen rasch auch die welfischen Lande und das Fürstbistum Hildesheim. 1526 tritt die Stadt Goslar der Reformation bei und 1528 erhält die Stadt Braunschweig durch Johannes Bugenhagen eine protestantische Kirchenordnung. Ende der 1520er Jahre gibt es auch erste evangelisch-lutherische Gottesdienste und Predigten in der Bischofsstadt Hildesheim.

1528–1556 Nach dem Tod des katholischen Bürgermeisters Hans Wildefüer entscheidet sich der Rat der Stadt Hildesheim 1542 für die Annahme der »neuen Lehre« und erhält durch Johannes Bugenhagen eine evangelisch-lutherische Kirchenordnung. Den Bischöfen Valentin von Tetleben (1537–1551) und Friedrich von Holstein (1551–1557) gelingt lediglich die Sicherung eines katholischen »Grundbestands« in der Stadt Hildesheim und im »Kleinen Stift«. Im Jahr 1546 stiftet der Domkapitular Arnold Fridag für den Dom einen Lettner als Abschluss der Vierung zum Mittelschiff.

1557–1573 Mit der Wahl des vormaligen Domdechanten Burchard von Oberg gelingt dem Hildesheimer Domkapitel ein wichtiger Schritt zur Beibehaltung der katholischen Konfession im Fürstbistum Hildesheim. Nach und nach gelingt Bischof Burchard eine verlässliche Sicherung der katholischen »Reste« in der Stadt Hildesheim und im »Kleinen Stift«.

1573 Mit Bischof Ernst von Bayern (1573–1612) beginnt eine – lediglich Ende des 17. Jahrhunderts kurz unterbrochene – fast 200-jährige Regierung der Wittelsbacher als Bischöfe von Hildesheim, wobei das Bistum Hildesheim für diese lediglich eine Art »Nebenbistum« ist. Die politischen und geistlichen Aufgaben im Bistum Hildesheim übernehmen ein »Geistlicher Rat« und Weihbischöfe, u.a. Adamus Adami (1652–1663).

1595	Die einige Jahre zuvor nach Hildesheim gekommenen Jesuiten übernehmen die Leitung der altehrwürdigen Domschule, an der bis ins 20. Jahrhundert hinein nahezu alle Hildesheimer Priester ausgebildet werden. Im Dom übernehmen die Jesuiten das Amt des Dompredigers, u.a. Johannes Hammer.
1608/09 1652	Was ist eigentlich katholisch – und wer? Mittels Visitationen gewinnen die Hildesheimer Fürstbischöfe Ernst von Bayern und Maximilian Heinrich von Bayern einen qualifizierten Überblick über die kirchlichen und religiös-konfessionellen Gegebenheiten im Bistum Hildesheim; mit durchaus differentem Ergebnis.
1618–1648	Der 30-jährige Krieg hinterlässt auch im Bistum Hildesheim eine Spur der Verwüstung. Auch wird der Hildesheimer Mariendom in Folge der Besetzung der Stadt Hildesheim von 1635–1643 als evangelisch-lutherische Schlosskirche genutzt, wie auch die katholischen Klöster in dieser Zeit vakant werden.
1643/1648	Mit dem »Goslarer Rezess« von 1643 bzw. dem Westfälischen Friedensschluss von 1648 wird dem Hildesheimer Fürstbischof das »Große Stift« wieder zugewiesen. Auch der Hildesheimer Mariendom wird mit anderen Klöstern im Bistum rekatholisiert.
1652	Zur Umsetzung der Beschlüsse des gesamtkirchlichen Reformkonzils von Trient (1546–1563) führt Fürstbischof Maximilian von Bayern (1650–1688) im Hildesheimer Dom eine Diözesansynode durch; bereits 1539 und 1633 hatten hier Diözesansynoden stattgefunden. U.a. wurden auf der Diözesansynode die Residenzpflicht der Kanoniker und Pfarrer, der Gebrauch des Römischen Breviers und Missales, die feierliche Abhaltung des Gottesdienstes und die jährliche Osterbeichte und -kommunion der Gläubigen festgeschrieben. Auch bemühte man sich um die Errichtung eines den Anforderungen des Tridentinums entsprechenden Priesterseminars. Aufgrund der diözesanen Situationen konnte dies erst 1780 realisiert werden.
1716–1760	Unter den Fürstbischöfen Joseph Clemens von Bayern (1702–1723) und insbesondere Clemens August von Bayern (1724–1761) erfolgt eine grundlegende Umgestaltung des Dom. Die Innenausstattung wird – dem Verständnis der Zeit entspre-

chend – barockisiert. Diese Ausgestaltung bleibt im Wesentlichen bis zur Zerstörung des Domes im Zweiten Weltkrieg erhalten. U.a. werden der Vierungsturm und die Decke der Vierung erneuert. Die Innenwände des Domes werden mit Stuck versehen und ausgemalt und der Immaculata-Altar von Paul Egell wird aufgestellt.

1763–1789 Fürstbischof Friedrich Wilhelm von Westphalen setzt sich für eine politische wie kirchenorganisatorische Neuausrichtung des Bistums Hildesheim ein, wozu vor allem der Erhalt des Gymnasiums Josephinum und die Umorganisation des Volksschulwesens gehören. Außerdem widmet er auch dem Bruderschaftswesen große Aufmerksamkeit.

25.2.1803 Angestoßen durch die Französische Revolution zerbricht im
1814/15 ausgehenden 18. Jahrhundert die bisherige Grundordnung Europas. Am 3. August 1802 wird der Hildesheimer Domhof durch preußische Truppen besetzt, womit die »Doppelkompetenz« der Hildesheimer Bischöfe als politisches und geistliches Oberhaupt ihrer Untertanen bzw. Diözesanen endet.
Fürstbischof Franz Egon von Fürstenberg (1789–1825) sorgt in besonderer Weise für die Aufrechterhaltung der Gottesdienstmöglichkeiten im Bistum Hildesheim. Er agiert in politischen Belangen und auch im Zusammenhang mit der staatlichen Aufhebung aller Männer- und Frauenklöster im Bistum sehr zurückhaltend.
Der »Wiener Kongress« erreicht eine politische Neuordnung Europas, wobei das vormalige Fürstbistum Hildesheim dem (neuen) Königreich Hannover zugewiesen wird.

1824 Mit der Zirkumskriptionsbulle »Impensa Romanorum Pontificum« werden die kirchlichen Rahmenbedingungen des Bistums Hildesheim neu geordnet, u.a. wird das Bistum auf den gesamten östlichen Teil des Königreichs Hannover erweitert. Es reicht jetzt von Hannoversch Münden bis an die Elbe und von der Weser bis in den Harz. Die Dotation des Bistums, die Modalitäten der Besetzung des Bischöflichen Stuhls sowie der Stellen des Domkapitels werden einvernehmlich zwischen dem Heiligen Stuhl und dem Königreich Hannover geregelt. 1834 wird das Herzogtum Braunschweig dem Bistum Hildesheim vertraglich zugewiesen.

1828 Neukonstituierung des Hildesheimer Domkapitels, dessen primäre Aufgaben nunmehr die Feier der Gottesdienste im Dom, die Wahl eines neuen Bischofs nach Eintritt einer Vakanz sowie

	die Beratung des Bischofs in allen wichtigen kirchlichen Angelegenheiten sind.
1829–1848	Bischof Joseph Godehard Osthaus (1829–1835), der erste Bischof des »neuen« Bistums Hildesheim, organisiert den Neuaufbau kirchlicher Grundstrukturen. Es gelingt ihm u.a. die Gründung eines eigenständigen Hildesheimer Priesterseminars. Seine Nachfolger Bischof Franz Ferdinand Fritz (1835–1840) und Jakob Joseph Wandt (1841–1849) gelingen eine angemessene Berücksichtigung der katholischen Interessen durch die hannoversche Regierung.
1840–1849	Aufgrund von Baufälligkeit wird das in seiner Grundkonstruktion bis auf Bischof Hezilo zurückreichende Westwerk des Domes 1840/41 abgerissen und 1842–1848/49 durch eine Anlage mit zwei Türmen ersetzt; die Glocken des Hildesheimer Domes läuten erstmalig wieder am 7. September 1848.
1850–1870	Unter der Leitung von Bischof Eduard Jakob Wedekin nahm das Bistum Hildesheim einen immensen Aufschwung. Es wurden infolge eines geburten- und migrationsbedingten Anstiegs der Katholikenzahl um rund 30% neue Gemeinden gegründet sowie Kirchen, Schulen und Sozialeinrichtungen errichtet. Auch kamen dank seiner Initiative Barmherzige Schwestern vom heiligen Vinzenz von Paul (Vinzentinerinnen) aus Paderborn ins Bistum Hildesheim. Ausgehend vom St. Bernward-Krankenhaus in Hildesheim übernahmen die Schwestern in vielen Städten und Dörfern des gesamten Bistums Aufgaben in der Krankenpflege und Kinderbetreuung. Augustiner und Franziskaner übernahmen die Bistumswallfahrten nach Germershausen und Ottbergen. Bereits seit 1700 lebten in Duderstadt Ursulinen, die nun auch Schulen in Hildesheim und Hannover übernahmen.
1866 / 1871–1905	Schon bald nach der Preußischen Annexion des Königreichs Hannover 1866 und der Gründung des Deutschen Reichs 1871 beginnt der sog. Kulturkampf zwischen Staat und Kirche um die jeweiligen Rechte und Pflichten. Im Bistum Hildesheim führt der Kulturkampf jedoch – nicht zuletzt dank des umsichtigen Handelns von Bischof Daniel Wilhelm Sommerwerck (1871–1905) – trotz der Vakanz von ca. 1/3 aller Pfarrstellen und des Exodus der Ordensgemeinschaften zu keinem wirklichen Ein- oder Abbruch kirchlicher Strukturen und volkskirchlichen Glaubens.

Von 1880 bis 1910 steigt die Zahl der Hildesheimer Diözesanen von knapp 92.000 auf rund 120.000, weswegen das »kirchliche Versorgungsnetz« immer dichter geknüpft wird.

1893 feiert das Bistum Hildesheim den 900. Jahrestag des Amtsantritts von Bischof Bernward, u.a. durch die Errichtung eines Bernward-Denkmals auf dem Hildesheimer Domhof, einer Renovierung der Bernwardsgruft in der St. Michaelis-Kirche und dem Bau einer St. Bernward-Kirche in Hannover-Döhren. Die seit Beginn des 19. Jahrhunderts auf dem Domhof aufgestellte Christussäule wird in den Hildesheimer Dom umgesetzt.

Nur wenige Jahre später – 1896/97 – wird die Domkrypta reromanisiert, wohingegen eine ebenfalls angedachte Umgestaltung des Dominneren in Richtung seines ursprünglichen Zustands aus Kosten- und Denkmalschutzgründen nicht erfolgt.

1933–1945 Die Predigten von Bischof Joseph Godehard Machens (1934–1956) in der Zeit der nationalsozialistischen Gewaltherrschaft sind meist überaus deutlich, u.a. verurteilt er am 17. August 1941 die nationalsozialistischen sog. Euthanasie-Morde und das Vorhandensein von Arbeits- und Konzentrationslagern. Die Gottesdienste im Dom – wie in eigentlich allen anderen Kirchen des Bistums Hildesheim – sind in diesen Jahren durchweg gut besucht.

22.3.1945 Zusammen mit der Stadt Hildesheim wird auch der Mariendom bis auf seine Grundmauern zerstört. In den Trümmern wird weiterhin Gottesdienst gefeiert. Das Aufbrechen neuer Triebe aus dem verschütteten Tausendjährigen Rosenstock im Frühjahr 1946 ist für die Menschen der Zeit – keineswegs nur die Katholiken – ein Zeichen der Hoffnung.

Infolge von Flucht und Vertreibung kommen rund 400.000 Katholiken aus den vormaligen deutschen Ostgebieten neu ins Bistum Hildesheim. Die Katholikenzahl steigt im Jahr 1950 auf knapp 670.000.

1950–1960 Nach einem komplexen Architektenwettbewerb wird der Hildesheimer Mariendom nach Plänen des hannoverschen Architekten Wilhelm Fricke in Anlehnung an den Hezilo-Dom des 11. Jahrhunderts wiederaufgebaut.

Gleichzeitig entstehen in vielen Städten und Ortschaften im gesamten Bistum Hildesheim neue Kirchengemeinden und neue Kirchen, die möglichst gut für alle Gläubigen erreichbar sein sollen.

27.3.1960	Im Jubiläumsjahr der heiliggesprochenen Hildesheimer Bischöfe Bernward und Godehard weiht Bischof Heinrich Maria Janssen (1957–1982) am 27. März 1960 den »neuen« Hildesheimer Mariendom.
1962–1965 1968/69	Dem Zweiten Vatikanischen Konzil gelingt ein »Aggiornamento« – eine Verlebendigung – der Weltkirche, wovon Bischof Heinrich-Maria Janssen und Weihbischof Heinrich Pachowiak unentwegt im Bistum Hildesheim erzählen und so die Gläubigen in den Erneuerungsprozess der katholischen Kirche miteinbinden. Eine »Übersetzung« der Konzilsbeschlüsse erfolgt durch die Hildesheimer Diözesansynode, an der erstmals neben Klerikern auch Laien als stimmberechtigte Mitglieder teilnehmen – die Kirche von Hildesheim stellt sich neu auf.
2010–2014	Nach der Weihe des Hildesheimer Domes im Jahr 1960 lag die besondere Aufmerksamkeit der Hildesheimer Bistumsleitung auf dem Bau von Kirchen und kirchlichen Einrichtungen in der weiten Fläche des Bistums, im Dom selbst wird 50 Jahre lang nur das Allernotwendigste getan. Im Blick auf diese Situation beschließen das Domkapitel und Bischof Norbert Trelle, den Hildesheimer Mariendom nach Plänen des Kölner Architekturbüros Prof. Johannes Schilling einer grundlegenden Renovierung und liturgischen Neugestaltung zu unterziehen. Die feierliche Altarweihe und Wiedereröffnung des Hildesheimer Mariendomes durch Bischof Norbert Trelle und des Hildesheimer Domkapitels erfolgt am 15. August 2014 – zugleich der Beginn des Jubiläumsjahrs »1200 Jahre Bistum Hildesheim«.

ABBILDUNGSNACHWEIS

S. 2 (Frontispitz), 8, 14 18, 57, 58, 61, 94, 95 (Ausschn.), 106, 116, 122, 127, 142, 148, 160, 163, 166, 175: Prof. Manfred Zimmermann, EUROMEDIAHOUSE, Hannover

S. 12, 20, 92, 112, 114, 126, 130, 133, 136, 145, 155, 158:
Florian Monheim, Dommuseum Hildesheim

S. 16: Archiv Wehmeyer, Dommuseum Hildesheim

S. 18: Bischöfliche Pressestelle Hildesheim

S. 20, 92, 126, 130, 133, 136, 145, 155, 158:
Dommuseum Hildesheim, Florian Monheim

S. 24, 27 (2x), 28, 30, 31, 32, 34, 35, 37, 38, 40, 42, 43, 45, 47, 49, 51, 54, 110, 111:
Frank Tomio, Dommuseum Hildesheim

S. Cover, 46, 98, 118, 161, 171: Christian Gossmann, Bischöfliche Pressestelle Hildesheim

S. 62, 65, 67, 69, 71, 74, 80, 82, 84, 86:
Prof. Manfred Zimmermann, Dommuseum Hildesheim

S. 90: David Brown – stock.adobe.com

S. 93, 102, 104, 128, 138, 141 (2x), 143, 146, 150, 151, 168, 170, 176:
Heinz-Günter Bongartz

S. 101, 152, 153, 154, 172: Ina Funk, Bischöfliche Pressestelle Hildesheim

ANMERKUNGEN

1 Rainer Maria Rilke, Archaïscher Torso Apollos. In: Sämtliche Werke. Erster Band, Frankfurt am Main 1955, 557

2 Simon Strauss, Römische Tage, Stuttgart 2019, 122

3 Klemens Richter, Kirchenräume und Kirchenträume. Die Bedeutung des Kirchenraums für eine lebendige Gemeinde, Freiburg i. Br., 1998,11

4 Leonardo Boff, Schönheit wird die Welt retten, https://www.lebenshaus-alb.de/magazin/008516.html/9.11.2019

5 Lutz Müller, Der Held – jeder ist dazu geboren, Stuttgart 2013, 24

6 Michael Seewald, Reform. Dieselbe Kirche anders denken, Freiburg i. Br. 2019, 153

7 Ebd. 119

8 Siehe zur Bernwardtür: Michael Brandt, Bernwards Tür. Schätze aus dem Dom zu Hildesheim, Regensburg 2010, mit ausführlicher Literaturangabe; Bernhard Gallistl, Der Dom zu Hildesheim und sein Weltkulturerbe. Bernwardtür und Christussäule, Hildesheim 2000; Bernhard Bruns, Die Bernwardtür, Hildesheim 1992

9 siehe dazu Michael Brandt, a.a.O., 123. Eine andere Meinung vertreten: Bernhard Gallistl, »In Faciem Angelici Templi«. Kunstgeschichtliche Bemerkungen zu Inschrift und ursprünglicher Platzierung der Bernwardtür, in: Jahrbuch für Geschichte und Kunst im Bistum Hildesheim 75/76, 2007/2008, 59–92;

Manfred Overesch/ Alfhart Günther: Himmlisches Jerusalem in Hildesheim. St. Michael und das Geheimnis der sakralen Mathematik von 1000 Jahren, Göttingen 2009;

Günther, Alfhart: Kirchen des Mittelalters mit den Augen eines Physikers. Baukunst zwischen Theologie, Technik und Geometrie, Gera 2017;

Manfred Overesch/ Alfhart Günther: Aus Byzanz nach Hildesheim. Die ottonische Reichskirche St. Michael und ihre Bronzetüren, in: Jahrbuch für Geschichte und Kunst im Bistum Hildesheim 87/88, 2018/2019

10 zit. nach Christ in der Gegenwart, 45, 2013, 509

11 Joseph Kardinal Ratzinger, Gott und die Welt. Glauben und Leben in unserer Zeit. Ein Gespräch mit Peter Seewald, München 2000, 66

12 Johannes Bours, Der Mensch wird des Weges geführt, den er wählt, Freiburg 1996 (1987)

13 Ebd., 89

14 https://politische-bildung.rlp.de/fileadmin/files/downloads/Ref3/Gerty_Spies_Broschuere_LpB_Aufl_2016.pdf/12.11.2019

15 Théodore Simon Jouffroy, (1796–1842), französischer Publizist und Philosoph, aus: Das grüne Heft (Le cahier vert),

16 Johannes Cassian. Quelle unbekannt

17 Andreas Knapp, Heller als das Licht, Biblische Gedichte, Würzburg 2016³, 7

18 Christian Heinrich, Christ in der Gegenwart 52, 2017, 569

19 Dietrich Bonhoeffer, Widerstand und Ergebung, Gütersloh 1994¹⁵, 127

20 Ingeborg Bachmann, in: Marianne Gronemeyer, Genug ist Genug. Über die Kunst des Aufhörens, Darmstadt 2008, 159

21 Heinrich Fries, aus: Samuel Friedländer (Hg.), »Wenn es nur einmal ganz still wär«. Meditationen in der Advents- und Weihnachtszeit, Freiburg i. Br., 2. Auflage 2001, 48

22 Edith Stein zugeschrieben

23 Edith Stein in: Andreas Speer/Stephan Regh (Hg.), »Alles Wesentliche lässt sich nicht schreiben«, Leben und Denken Edith Steins in ihrem Gesamtwerk, Freiburg i. Br. 2016, 427

24 Benedikt XVI., WJT 2005

25 Georg Mross, Bernwardtür. Betrachtungen, Die drei Frauen am Grab, Hildesheim 1974

26 Auf der Bernwardtür ist im Verständnis Maria Magdalena identisch mit der Sünderin, die mit ihren Tränen die Füße Jesu benetzte und sie mit ihrem Haar trocknete. Nach heutiger Kenntnis ist jene Maria Magdalena nicht identisch mit der Frau, die Jesus beim Mahl im Haus des Simon begegnet.

27 Benedikt XVI. Joseph Ratzinger, Suchen, was droben ist. Meditationen das Jahr hindurch, Freiburg–Basel–Wien, 1985

28 Paul Galles, Situation und Botschaft, Die soteriologische Vermittlung von Anthropologie und Christologie in den offenen Denkformen von Paul Tillich und Walter Kasper, Berlin 2012, 414

29 Michael Brandt/Claudia Höhl, Der Dom und seine Ausstattung, in: Domkapitel Hildesheim (Hrsg.), Der Hildesheimer Mariendom. Kathedrale und Welterbe, Regensburg 2014, 132

30 Ebd., 131

31 Nostra aetate, 4

32 Zit. nach: http://www.literarischebriefe.de/abschiedsbriefe_delp_2.htm/19.11.20119

33 Die detaillierte Geschichte des Taufbeckens: siehe Claudia Höhl, Das Taufbecken des Wilbernus. Schätze aus dem Dom zu Hildesheim, Regensburg 2009

34 Ebd., 14

35 Franz W. Niehl (Hg.), Die vielen Gesichter Gottes, Ein geistliches Lesebuch, München 1991,126

36 Rolf Zerfaß, Für uns Menschen, Predigten zum Lesejahr C, Düsseldorf 1994, 52

37 Die Feier der Heiligen Messe, Messbuch, Trier 1988 (2. Aufl.), [88]

38 so nennt Martin Buber die 10 Gebote Gottes

39 Jos 4,1 – 5,1, hier besonders Jos 4,20: »In Gilgal stellte Josua die zwölf Steine auf, die man aus dem Jordan mitgenommen hatte. Er sagte zu den Israeliten: Wenn eure Söhne morgen ihre Väter fragen: Was bedeuten diese Steine?, dann sollt ihr sie belehren: Hier hat Israel trockenen Fußes den Jordan durchschritten; denn der HERR, euer Gott, hat das Wasser des Jordan vor euren Augen austrocknen lassen.«

40 Papst Benedikt XVI., Ansprache vom 22. Dezember 2011, anl. des Weihnachtsempfanges für die römische Kurie. In: OR und Deutsche Tagespost, Nr. 155 vom 29.12.2011

41 Ebd.

42 Ebd.

43 Ebd.

44 Jürgen Moltmann, aus: Für jeden Tag. Biblische Texte, Gebete und Betrachtungen, Heft 8, Arbeitsgemeinschaft Missionarische Dienste, in Zusammenarbeit mit dem Kath. Bibelwerk, Stuttgart 1979

45 Otto Betz, Was mir die Knie beugt, Christ in der Gegenwart 52, 2008, 577

46 Rabbi Schlomo fragte: »Was ist die schlimmste Tat des bösen Triebs?« Und er antwortete: »Wenn der Mensch vergisst, dass er ein Königssohn ist.«, Martin Buber, Erzählungen der Chassidim, zit. Christian Heidrich, Wir, Kinder des Königs, in Christ in der Gegenwart 14, 2005, 205

47 https://www.bundesregierung.de/breg-de/service/bulletin/staatsbesuch-des-praesidenten-des-staates-israel-vom-14-bis-17-januar-1996-besuch-im-deutschen-bundestag-rede-des-praesidenten-des-staates-israel-805848/22.11.2019

48 Karl-Heinz Menke, Sakramentalität. Wesen und Wunde des Katholizismus, Regensburg 2012, 132

49 Franz Kamphaus, Den Glauben erden. Zwischenrufe, Freiburg–Basel–Wien 2001

50 Claudia Höhl, Das Taufbecken des Wilbernus, a.a.O., 48

51 Alfred Delp, in: Christ in der Gegenwart 12, 2005, 90

52 Benedikt XVI., Quelle unbekannt

53 C.G. Jung, »Psychotherapie und Seelsorge« (Vortrag von 1932), in: Gesammelte Werke, Bd. XI, Olten: Walter, (6. Aufl.),1992, 348

54 Siehe Claudia Höhl, Das Taufbecken des Wilbernus, a.a.O., 42,51

55 Walter Kardinal Kasper, Barmherzigkeit. Grundbegriff des Evangeliums – Schlüssel christlichen Lebens. Herder Verlag, Freiburg–Basel–Wien 2012

56 Rolf Zerfaß, Für uns Menschen. Predigten zum Lesejahr B. Düsseldorf, 1993, 169

57 Ebd.

58 Vgl. zur Geschichte des Heziloleuchters: Karl Bernhard Kruse (Hg.), Der Heziloleuchter im Hildesheimer Dom, Regensburg 2015

59 Durch einen Großbrand war der Dom am Palmsonntag, 23. April 1046, in Schutt und Asche gelegt worden. Der dann anschließende »Neubau« durch Bischof Azelin mit einer neuen Ausrichtung nach Westen bis zum heutigen Generalvikariat wurde nicht fertiggestellt und wohl durch den frühen Tod Azelins als nicht gottgewollt aufgeben. Bischof Hezilo errichtet daraufhin den Dom auf den alten Mauern des Altfriddomes und weiht den Dom am 5. Mai 1061 wieder ein.

60 Offb 21,2ff: Dann sah ich einen neuen Himmel und eine neue Erde; denn der erste Himmel und die erste Erde sind vergangen, auch das Meer ist nicht mehr. Ich sah die heilige Stadt, das neue Jerusalem, von Gott her aus dem Himmel herabkommen; sie war bereit wie eine Braut, die sich für ihren Mann geschmückt hat. Da hörte ich eine laute Stimme vom Thron her rufen: Seht, die Wohnung Gottes unter den Menschen! Er wird in ihrer Mitte wohnen und sie werden sein Volk sein; und er, Gott, wird bei ihnen sein. Er wird alle Tränen von ihren Augen abwischen: Der Tod wird nicht mehr sein, keine Trauer, keine Klage, keine Mühsal. Denn was früher war, ist vergangen. Er, der auf dem Thron saß, sprach: Seht, ich mache alles neu. Und er sagte: Schreib es auf, denn diese Worte sind zuverlässig und wahr! Er sagte zu mir: Sie sind geschehen. Ich bin das Alpha und das Omega, der Anfang und das Ende. Wer durstig ist, den werde ich unentgeltlich aus der Quelle trinken lassen, aus der das Wasser des Lebens strömt. Wer siegt, wird dies als Anteil erhalten: Ich werde sein Gott sein, und er wird mein Sohn sein. Aber die Feiglinge und Treulosen, die Befleckten, die Mörder und Unzüchtigen, die Zauberer, Götzendiener und alle Lügner – ihr Los wird der See von brennendem Schwefel sein. Dies ist der zweite Tod. Und es kam einer von den sieben Engeln, welche die sieben Schalen voll mit den sieben letzten Plagen getragen hatten. Er sagte zu mir: Komm, ich will dir die Braut zeigen, die Frau des Lammes. Da entrückte er mich im Geist auf einen großen, hohen Berg und zeigte mir die heilige Stadt Jerusalem, wie sie von Gott her aus dem Himmel herabkam, erfüllt von der Herrlichkeit Gottes. Sie glänzte wie ein kostbarer Edelstein, wie ein kristallklarer Jaspis. Die Stadt hat eine große und hohe Mauer mit zwölf Toren und zwölf Engeln darauf. Auf die Tore sind Namen geschrieben: die Namen

der zwölf Stämme der Söhne Israels. Im Osten hat die Stadt drei Tore und im Norden drei Tore und im Süden drei Tore und im Westen drei Tore. Die Mauer der Stadt hat zwölf Grundsteine; auf ihnen stehen die zwölf Namen der zwölf Apostel des Lammes. Und der Engel, der zu mir sprach, hatte einen goldenen Messstab, um die Stadt, ihre Tore und ihre Mauer zu messen. Die Stadt war viereckig angelegt und ebenso lang wie breit. Er maß die Stadt mit dem Messstab; ihre Länge, Breite und Höhe sind gleich: zwölftausend Stadien. Und er maß ihre Mauer; sie ist hundertvierundvierzig Ellen hoch nach Menschenmaß, das der Engel benutzt hatte. Ihre Mauer ist aus Jaspis gebaut, und die Stadt ist aus reinem Gold, wie aus reinem Glas. Die Grundsteine der Stadtmauer sind mit edlen Steinen aller Art geschmückt; der erste Grundstein ist ein Jaspis, der zweite ein Saphir, der dritte ein Chalzedon, der vierte ein Smaragd, der fünfte ein Sardonyx, der sechste ein Sardion, der siebte ein Chrysolith, der achte ein Beryll, der neunte ein Topas, der zehnte ein Chrysopras, der elfte ein Hyazinth, der zwölfte ein Amethyst. Die zwölf Tore sind zwölf Perlen; jedes der Tore besteht aus einer einzigen Perle. Die Straße der Stadt ist aus reinem Gold, wie aus klarem Glas. Einen Tempel sah ich nicht in der Stadt. Denn der Herr, ihr Gott, der Herrscher über die ganze Schöpfung, ist ihr Tempel, er und das Lamm. Die Stadt braucht weder Sonne noch Mond, die ihr leuchten. Denn die Herrlichkeit Gottes erleuchtet sie, und ihre Leuchte ist das Lamm.

61 Zit. nach: Bernhard Gallistl, Erzähltes Welterbe. Zwölf Jahrhunderte Hildesheim, Hildesheim 2015, 62 hier: Homiliae festivae Caesarii Heisterbacensis, ed. Coppenstein, Köln 1615

62 Stephan Andres, Wir sind Utopia: Prosa aus den Jahren 1933–1945, Werke in Einzelausgaben 04, Göttingen 2010, 58–59

63 Rudolf Otto Wiemer, Entwurf eines Osterliedes, zit. nach: http://downloads.bistummainz.de/20/1905/1/57318386424200072847.pdf/27.11.2019

64 Prälat Dr. Werner Schreer, Generalvikar des Bistums Hildesheim von 2006–2016

65 Irenäus von Lyon

66 Der Azelinleuchter wurde in der Geschichte oft auch als Thietmarleuchter bezeichnet. Zur Geschichte dieses Leuchters vergleiche Ulrich Knapp (Hg.), Ego sum Hildensemensis, Petersberg 2000,463

67 St. Michael. Blick in den Ostchor um 1022. Rekonstruktion Gallistl/Carpiceci, in: Bernhard Gallistl, Erzähltes Erbe, Zwölf Jahrhunderte Hildesheim, Hildesheim 2015,121

68 Die genauere geschichtliche Einordnung siehe: Michael Brand, Bernwards Säule. Schätze aus dem Dom zu Hildesheim, Regensburg 2015

69 Ebd., letzte Umschlagseite

70 Siehe dazu Michael Brandt, Ebd.

71 Michael Brandt, Columna S. Berwardi. Kunst und Kult im hochmittelalterlichen Hildesheim, in: Hildesheimer Jahrbuch für Stadt und Stift Hildesheim, Band 88/89, 2016/2017, 35

72 Joseph Ratzinger, Einführung in das Christentum. Vorlesungen über das Apostolische Glaubensbekenntnis, München 1968, 240–242

73 Zur Baugeschichte des Hildesheimer Domes siehe: Karl Bernhard Kruse, Die Baugeschichte des Hildesheimer Domes, hrsg. vom Domkapitel Hildesheim, Regensburg 2017, siehe hier besonders Karl Bernhard Kruse, Die Baugeschichte des Hildesheimer Domes, 153–331

74 Vgl. Thomas Scharf-Wrede, Der Hildesheimer Dom, Wo alles begann und womit (fast) alles irgendwie zusammenhängt, in: Domkapitel Hildesheim (Hrsg.), Der Hildesheimer Mariendom, Kathedrale und Welterbe, Regensburg 2014, 23ff

75 Bernardin Schellenberger, Wider den geistlichen Notstand. Erfahrungen mit der Seelsorge, Freiburg 1991, 97

76 Gaudium et spes, 66+68

77 Joachim Kardinal Meisner

78 Rechenschaft des Glaubens, Karl Rahner-Lesebuch, hrsg. von Karl Kardinal Lehmann und Alber Raffelt, Freiburg–Basel–Wien 1982, 308.

79 Siehe Gotteslob, Nr. 5,7

80 Leonardo Boff, Kleine Sakramentenlehre, Düsseldorf 1976, 29f.

81 Christoph Stender, Domgefühl und Schatzansichten, Aachen 2005,73

82 Siehe auch: Josef Reinold gen. Fellenberg: Die Verehrung des Heiligen Gotthard von Hildesheim in Kirche und Volk. Bonn 1970 (= Rheinisches Archiv Band 74)

83 Johann Michael Krâtz, Der Dom zu Hildesheim, seine Kostbarkeiten, Kunstschätze und sonstige Merkwürdigkeiten, Neudruck der Bände 2 und 3 von 1840, (hrsg. vom Dombauverein Hohe Domkirche Hildesheim e.V.), Erstdruck von Band 1: Geschichte und Beschreibung des Domes zu Hildesheim, Hildesheim 2013, ,316

84 Emmanuel Jungclausen, Leben im Geheimnis, Freiburg 1997, 54

85 1. Clemensbrief

86 Hermann Kardinal Volk, aus: Lass mich den Weg begreifen – Spurensuche Berufung, Canisiuswerk 2000

87 Die deutschen Bischöfe, Zeit der Aussaat, Missionarisch Kirche sein, Hirtenwort 26. November 2000

88 Johannes XXIII., zit. nach https://gutezitate.com/zitat/270737/31.12.2019

89 Tagesgebet: Vierter Sonntag nach Ostern

90 Hans Jochen Jaschke im Auftrag der Deutschen Bischofskonferenz, Gottes Geist in der Welt. Pastorale Arbeitshilfe (Auf dem Weg zum Heiligen Jahr 2000, Nr. 6), Bonn 1997

91 Gaudium et spes, 1

92 Paul Michael Zulehner, https://bistumlimburg.de/beitrag/bei-den-menschen-auftauchen/27.2.2020

93 Adolf Pohner, Beerdigungspredigt, privates Manuskript

94 Hilde Domin, Nur eine Rose als Stütze. Gedichte, Frankfurt a. Main, 1994

95 Papst Johannes Paul hat am 11. Okt. 1998 Edith Stein in Rom heiliggesprochen. Predigt zur Seligsprechung am 1. Mai 1987 in Köln

96 Paul M. Zulehner, Kirchenenttäuschungen. Ein Plädoyer für Freiheit, Solidarität und einen offenen Himmel, Freiburg 1997,56

97 Copyright – Libreria Editrice Vaticana, http://www.vatican.va/content/francesco/de/prayers/documents/papa-francesco_preghiere_20140608_invocazione-pace.html/29.2.2020

98 Ralf Siepmann, Religion und Musik: Das spirituelle Traumpaar, auf: https://www.evangelisch.de/inhalte/148488/02–02–2018/religion-und-musik-das-spirituelle-traumpaar/3.3.2020

99 Franz Rosenzweig, Gesammelte Schriften II. Der Stern der Erlösung, Den Haag 1976, 329. Vgl. zu diesem Fragenkreis die wichtige Veröffentlichung des Bonner Dogmatikers Josef Wohlmuth, Jesu Weg unser Weg, Kleine mystagogische Christologie, Würzburg 1992

100 Wolfgang Bretschneider, Die Orgel als sakrales Kunstwerk und ihre Bedeutung für die Liturgie, Bonn Referat anlässlich der Tagung der Diözesanbaumeister »Die Orgel als sakrales Kunstwerk« Mainz, 30. September 1992., http://amt-fuer-kirchenmusik.de/Inhalt/Orgel/Orgel_und_Liturgie/Die-Orgel-als-ein-sakrales-Kunstwerk_Bretschneider.pdf, 4.3.2020

101 Siehe Thomas Scharf-Wrede, Kleine Hildesheimer Bistumsgeschichte, Regensburg 2014

Abbildung der vorderen Umschlagseite:
Hildesheimer Dom, Südwestansicht

Bibliografische Information der Deutschen Nationalbibliothek:
Die Deutsche Nationalbibliothek verzeichnet diese Publikation
in der Deutschen Nationalbibliografie; detaillierte bibliografische
Daten sind im Internet über http://dnb.dnb.de abrufbar.

1. Auflage 2020
© 2020 Verlag Schnell & Steiner GmbH, Leibnizstr. 13, D-93055 Regensburg
in Zusammenarbeit mit der Bernward Mediengesellschaft mbH, Hildesheim 2020
Umschlag und Satz: typegerecht berlin
Druck: Gutenberg Beuys Feindruckerei GmbH, Langenhagen
ISBN 978-3-7954-3572-1

Alle Rechte vorbehalten. Ohne ausdrückliche Genehmigung des Verlages ist es nicht gestattet,
dieses Buch oder Teile daraus auf fotomechanischem oder elektronischem Weg zu vervielfältigen.

Weitere Informationen zum Verlagsprogramm erhalten Sie unter:
www.schnell-und-steiner.de